CNPC-XS04

中国石油上海销售组织史资料

第二卷

（2014—2018）

中国石油上海销售分公司｜编

石油工业出版社

图书在版编目（CIP）数据

中国石油上海销售组织史资料．第二卷，2014—2018 /
中国石油上海销售分公司编．—北京：石油工业出版社，
2024.12

ISBN 978-7-5183-6531-9

Ⅰ.①中 ... Ⅱ.①中 ... Ⅲ.①石油销售企业 - 企业管理 -
史料 - 上海 -2014-2018 Ⅳ.① F426.22

中国国家版本馆 CIP 数据核字（2024）第 032784 号

中国石油上海销售组织史资料　第二卷　（2014—2018）
中国石油上海销售分公司　编

项目统筹：白广田　马海峰
图书统筹：李廷璐
责任编辑：李廷璐　孙卓凡
责任校对：罗彩霞
出版发行：石油工业出版社
　　　　　（北京市朝阳区安华里 2 区 1 号楼　100011）
　　　　　网　　址：www.petropub.com
　　　　　编辑部：（010）64523611　64523737
　　　　　图书营销中心：（010）64523731　64523633
印　　　刷：北京中石油彩色印刷有限责任公司

2024 年 12 月第 1 版　2024 年 12 月第 1 次印刷
787×1092 毫米　开本：1/16　印张：12.25　插页：1
字数：196 千字

定价：180.00 元

ISBN 978-7-5183-6531-9

《中国石油上海销售组织史资料 第二卷（2014—2018）》 编纂人员名单

● 编审委员会 ●

主　　　任：	杨昌陶　汤成刚
副 主 任：	张　宁
委　　　员：	黄润东　王建军　杨德有　杨　杰　宋根建　李　军
	王　富　郭小明　杨晓红

● 编纂领导小组 ●

组　　　长：	汤成刚
成　　　员：	毛福胜　林少斌　刘　斌　潘　雁　刘　涛　杨志才

● 编纂办公室 ●

主　　　任：	毛福胜
副 主 任：	邓生长　徐丽萍　梁历辉
成　　　员：	夏　辉　刘志忠　赵　真　王　晖　李文韬　高　明
	喻　莹　杨　勇　曹云鹏　施　海　顾美群　王勇帅
	崔如娜　丁　凤

上海销售分公司历史沿革及历任主要领导一览表
（1998.5—2018.12）

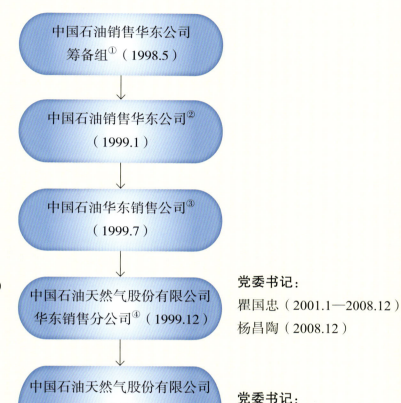

组　长：
高振怀（1998.5—1999.3）

中国石油销售华东公司
筹备组①（1998.5）

经　理：
高振怀（1999.3—7）

中国石油销售华东公司②
（1999.1）

经　理：
高振怀（1999.7—12）

中国石油华东销售公司③
（1999.7）

总经理：
高振怀（副局级，1999.12—2001.11）
瞿国忠（2001.11—2004.4）
刘合合（2004.4—2008.12）

中国石油天然气股份有限公司
华东销售分公司④（1999.12）

党委书记：
瞿国忠（2001.1—2008.12）
杨昌陶（2008.12）

总经理：
刘合合（2008.12—2009.11）
佟福财（满族，2009.11）

中国石油天然气股份有限公司
华东销售分公司（上海销售
分公司）⑤（2008.12）

党委书记：
杨昌陶（2008.12—2009.11）

总经理：
佟福财（2009.11—2012.3；
　　　正局级，2012.3—2015.12）
杨昌陶（2015.12—2018.12）

中国石油天然气股份有限公司
上海销售分公司⑥（2009.11）

党委书记：
杨昌陶（2009.11—2018.12）

　　注：
　　① 1998 年 5 月，集团公司决定，在上海成立中国石油销售华东公司筹备组。
　　② 1999 年 1 月，中国石油销售华东公司正式组建。
　　③ 1999 年 7 月，中国石油销售华东公司更名为中国石油华东销售公司。
　　④ 1999 年 11 月，中国石油华东销售公司上划股份公司管理；1999 年 12 月，更名为中国石油天然气股份有限公司华东销售分公司（简称华东销售分公司）。
　　⑤ 2008 年 12 月，华东销售分公司与下属上海销售分公司进行整合，实行一个机构、两块牌子。
　　⑥ 2009 年 11 月，股份公司决定，注销华东销售分公司，单独使用上海销售分公司名称，不再履行地区资源二次配置职能。

前　言

　　迎着 21 世纪的曙光，中国石油天然气集团公司成立中国石油销售华东公司筹备组，着手组建中国石油销售华东公司，业务涵盖上海及苏浙皖赣闽粤琼七省一市，拉开了中国石油开创成品油区外市场的序幕。20 余年来，上海销售分公司积极践行国家和集团公司一系列重大战略决策，先后历经多次机构重组和体制调整，全力以赴开拓东部和南部市场。创业者们肩负"我为祖国献石油"的光荣使命，艰苦创业、拓荒起步，不负历史责任重托，将汗水抛洒浦江两岸，脚步踏遍申城大地。

　　荏苒时光见证创业画卷，如歌岁月谱写壮丽诗篇。历经多次发展转型、创新求变的艰苦创业历程，上海销售分公司从无到有，由小到大，在改革创新中不断发展壮大。为翔实记录企业管理体制调整、组织机构沿革和人事更迭情况，《中国石油上海销售组织史资料（1998.5—2013.12）》于 2013 年付梓，系统总结了上海销售分公司组织建设经验和发展脉络。

　　近年来，市场寒冬频频来袭、产销矛盾越发突出、竞争氛围日趋激烈、经营环境空前复杂、深化改革攻坚深化、改造任务艰巨繁重，上海销售分公司坚持"不求最大、但求最好"的发展定位，全体干部员工与企业同呼吸、共命运，忠诚石油、敢打硬仗、勇于担当、矢志奋斗。2014 年至 2018 年，上海销售分公司效益连续 5 年在销售企业中保持领先，2018 年纯枪销量首破 90 万吨大关，各项指标取得历史性新高。这些上下一心、共同抵御风险挑战的生动实践，已经成为战胜一切困难的信心和力量之源。为记录这一特殊历史时期，编委会全体成员奋笔疾书、广征核准、精编严审、去伪存真，完成了《中国石油上海销售组织史资料　第二卷　（2014—2018）》。

　　这部组织史历经 1 年编纂，再续 5 年追昔。它不仅是一本工具书，更是一部记录企业不凡发展历程、积淀优秀文化、传承宝贵经验的历史文献。它不仅见证了华东精神的历久弥新，更是以"石油工人干劲大，天大的困难也不怕"的豪情壮志与赤胆忠诚，谱写了一曲油龙滚滚入东海、促进长三角地区经济腾飞的时代华章。

　　站在新的历史起点，高质量发展的号角已吹响，这也是全体干部员工大有可为的重要历史机遇期。我们的销售事业方兴未艾，未来光明可期。希望这本饱含创业者智慧、编纂者心血的组织史，成为广大干部员工再续辉煌、久久为功的宝贵无形资产、重要精神财富，真正发挥其"存史、资政、育人、交流"之作用，在申城大地继续点亮宝石花的璀璨光芒，奋勇开创高质量稳健发展新局面，为集团公司全面建成世界一流综合性国际能源公司贡献新的力量！

上海销售分公司

2024 年 12 月

凡　　例

一、本书按照中国石油天然气集团公司下发的《中国石油组织史资料编纂工作方案》《〈中国石油组织史资料〉编纂技术规范》《中国石油天然气集团公司组织史资料编纂管理办法》进行编纂。

二、指导思想。本书以马克思列宁主义、毛泽东思想、邓小平理论、"三个代表"重要思想、科学发展观、习近平新时代中国特色社会主义思想为指导，坚持辩证唯物主义和历史唯物主义的立场、观点和方法，按照实事求是的原则和"广征、核准、精编、严审"的工作方针，全面客观记述中国石油天然气股份有限公司上海销售分公司2014年至2018年的组织演变发展历程和人事变动情况，发挥"存史、资政、育人、交流"的作用。

三、断限。本书是《中国石油上海销售组织史资料（1998.5—2013.12）》的续编本，收录上限始自2014年1月1日，下限断至2018年12月31日。

四、机构称谓。本书中"集团公司"指代中国石油天然气集团公司（2017年12月之后指代中国石油天然气集团有限公司），"股份公司"指代中国石油天然气股份有限公司，"上海销售分公司"指代中国石油天然气股份有限公司上海销售分公司。其他组织机构名称一般使用全称，名称过长或有常用简称的，本书第一次出现时使用全称，并括注之后用简称。

五、资料收录范围。本书收录的资料分三部分：一是组织机构沿革及领导成员名录等正文收录资料；二是组织机构框架图、组织机构沿革图、非常设领导机构简况、所属加油站目录、先进集体和先进个人名单、晋升高级职称和技师职业资格人员名单、主要指标完成情况、所属党组织及党员人数统计表、"两代表一委员"名单、机关处室和所属二级单位机关部门干部情况简明表等附录附表资料；三是组织人事大事纪要、组织人事制度文件选编目录。

组织机构收录范围主要依据行政隶属关系确定，领导名录收录范围主要按照干部管理权限确定。具体包括：上海销售分公司领导机构及其领导成员，机关处室、机关附属机构、所属二级单位领导机构及其班子成员。

组织人事大事纪要主要收录干部任免、领导分工、党组织建设、机构调整等重要事件的时间、决定机关、主要内容和结果、依据文件等信息。

组织人事政策文件选编目录主要收录具有政策性、指导性、价值性、全局性的组织人事管理文件的印发时间、文件名及文号等信息。

六、资料的收录原则。党政组织机构较详，其他组织机构较略；本级组织机构较详，下属组织机构较略；组织机构及领导成员资料较详，其他资料较略。

七、编纂结构体例。本书采取"先分层级、后分层次"的方法，以章、节、目等层次进行编纂，共分6章。

第一章领导机构，设5节，分别收编行政领导机构、党委、纪委、工会委员会，以及总经理助理、安全副总监、总法律顾问等内容。

第二章机关处室及基层党团组织，设16节，分别收编各机关处室及党工团组织。

第三章机关附属机构，设10节，分别收编各机关附属机构。

第四章所属二级单位，设8节，分别收编各二级单位。

第五章附录附表，设12节，分别收编组织人事相关统计资料。

第六章组织人事大事纪要、组织人事制度文件选编目录，设2节，大事纪要分年月列条目编排。

八、本书采用文字叙述、组织机构及领导成员名录、图表相结合的编纂体例进行资料编排。

（一）组织机构沿革文字叙述的编排。本书文字叙述主要包括综述、分述和简述，起连接机构、名录、图表的作用。

文首写有综述，主要记述编纂时限内机构的基本简况、组织机构沿革、发展战略与经营成果、党的建设和企业文化建设等方面所做出的重大决策、采取的重要措施及取得的主要成绩等内容。

第一至第四章各章之首写有本层次组织机构沿革情况概述。主要围绕本层次组织机构发展主线，采取编年纪事与本末纪事相结合的方式，简要概述本层次所涉及的重大管理体制调整、组织机构调整、业务重组整合等基本概况等。章下设节分别收编具体组织机构。

（二）组织机构的编排顺序。本书组织机构先按编纂上限时（2014年1

月）的规范顺序，再按机构成立时间先后排列。

（三）领导名录的编排顺序。一般按正职、副职和任职时间先后的顺序分别排列。编纂上限时已在任的，按照编纂上限时的规范顺序进行排列。同时任职的，按任免文件或任命时已注明的顺序排列。

党内职务排序依次为正职、副职、委员。委员的排列按选举产生或历史文献列定的顺序，后增补的按任职时间先后排列。行政职务排序一般为正职、副职、总会计师、安全总监、助理、安全副总监、总法律顾问。一人兼任多职的，按不同职务序列名称分别编排。除上级部门领导兼任下级职务和"安全总监"职务标注"兼任"外，其他同一人分别任不同职务序列和岗位职务时一般不标注"兼任"。

本书领导名录编排顺序不代表班子成员实际排序。

（四）本书图表。本书之首附有上海销售分公司历史沿革及历任主要领导一览表。

九、本书收录的领导成员资料包括其职务、姓名、女性性别、少数民族族别、任职起止年月等人事状况。凡涉及女性、少数民族、兼任、主持工作、未到职或领导成员实际行政级别与组织机构规格不一致等情况，均在任职时间段括号内标注。涉及同一人的备注信息，仅在该节第一次出现时加注。书中姓名相同的，加注性别或籍贯、出生年月、毕业院校、所在部门等以示区别。

十、本书收录的组织机构及其领导成员，均在其后括号内注明其存在或任职起止年月。任职上下限时间在同一年内者，标记下限时间省略年，例如"（20××.×—×）"；在同一个月内者，任职时间只标注年月，例如"（20××.×）"。同一组织、同一领导成员，其存在或任职年月有2个或2个以上时期时，前后2个时期之间用"；"隔开；组织机构名称变更后，排列时原名称在前、新名称在后，中间用"—"连接。收录的某一组织机构，在编纂时限内，领导成员一段时间空缺的，用页下注予以说明。

十一、组织机构设立和撤销时间，以本级机构管理部门正式下发的文件和实际成立时间为准；没有机构文件的，以领导任免或工商注册、资产变更等法定程序为准。

十二、领导成员任离职时间，均以干部主管部门任免时间或完成法定聘任（选举）程序时间为准。同一人有几级任免文件的，按干部管理权限，以最高主管部门任免行文时间或宣布任离职时间为准。属自然免职或无免职文件的，将下列情况作为离职时间：被调离原单位的时间，办理离退休手续的时间，去世时间，机构撤销时间，选举时落选时间，新的领导人接替时间，副职升为正职的时间，随机构名称变更而职务变化的时间，退休、免职（包括涉嫌违纪违法）、解聘、落选、辞职、另有任用等具体去向和需要说明的情况，均在页下注中加以说明。

十三、本书入编机构主要是以人事部门机构文件为准的常设机构以及文件明确的且实际运行的非常设机构。

十四、本书收录资料的截止时间，不是组织机构和领导成员任职的终止时间。

十五、本书对历史上的地域、组织、人物、事件等，均使用历史称谓。中国共产党各级党组织一般简写为"中共×××委员会"，或简称为"×××党委""×××党总支""×××党支部"等。

十六、本书一律使用规范的简化字。数字使用依据《出版物上数字用法》（GB/T 15835—2011），采用公历纪年，年代、年、月、日和记数、计量、百分比均用阿拉伯数字。表示概数或用数字构成的专用名词用汉字数字。货币单位除特指外，均指人民币。

十七、本书采用行文括号注和页下注。行文括号注包括组织的又称、简称、代称，专用语全称与简称的互注等。同一内容的注释，只在本节第一次出现时注明。页下注为需要特殊说明的内容。

十八、本书收录的资料，仅反映组织机构沿革、领导成员更迭和干部队伍发展变化的历史，不作为机构和干部个人职级待遇的依据。由于情况复杂，个别人员姓名和任职时限难免出现错漏和误差，有待匡正。

目　　录

综　述

　　2008 年 12 月，按照集团公司建设综合性国际能源公司的战略部署，中国石油天然气股份有限公司上海销售分公司（以下简称上海销售分公司）正式成立。2014 年至 2015 年，上海销售分公司按照"一个定位、两篇文章、三面发展、四个示范、五项突出、六大战略"[①] 的发展思路，克服油价下跌、需求低迷、竞争激烈等诸多不利因素，带领全体干部员工全面完成各项工作任务，为"十二五"经营和发展画上了圆满句号。"十三五"期间，上海销售分公司认真分析面对的形势，提出"一二三四五六"发展思路[②]，积极承担经济责任、政治责任和社会责任，强经营、拓发展、精管理、严党建、抓队伍，奋力开创世界一流水平销售企业建设新局面。

　　2014 年到 2018 年，上海销售分公司顺利完成"十二五"战略目标；坚持高质量发展目标，实现"十三五"战略目标稳步推进；统筹高质量党建、高水准营销、高水平管理、高效率网络、高素质队伍，固本强基，改革创新，率先建成世界一流水平销售企业目标再上新台阶。

一、组织机构沿革

　　截至 2014 年 1 月 1 日，上海销售分公司设机关处室 13 个：总经理办公

---

　　① 一个定位：坚持"不求最大，但求最好"的发展定位，好是基础和前提，大是方向和目标。两篇文章：坚持做好"上"游文章，各项工作力争上游，主要经济指标进入区外销售企业前三名；做好"海"上文章，进口海外资源，紧密围绕国际航运中心建设，拓展海上船用加油等新的市场领域。三面发展：坚持以科学发展观为指导，重点推进创新发展、高效发展、和谐发展。四个示范：抓实"体制创新、非油业务、信息化和人工效率"四个方面示范，努力成为销售企业标杆。五项突出：突出发展质量和效益提升、突出市场份额提高和业务结构优化、突出安全环保和节能降耗工作、突出基层生产生活条件改善、突出员工队伍素质提高，努力构建和谐企业。六大战略：抓实"库站网络加快推进战略、物流持续优化战略、做优做精零售战略、做大做强非油品战略、安全第一环保优先战略和人才强企战略"推进，努力提升核心竞争能力。
　　② "一二三四五六"发展思路即坚持一个定位：不求最大，但求最好；谋取两条出路：做精做强创一流，创新突破拓发展；拓展三维空间：市场、服务、价值；实施四轮驱动：改革、创新、业绩、文化；统筹五位布局：经营、发展、管理、党建、队伍；推进六大战略：资源、市场、零售、网络、多元、人才。

室（党委办公室）、人事处（党委组织部）、财务处、营销处、仓储调运处、加油站管理处、非油品业务处、投资建设管理处、质量安全环保处、企业管理处、信息化管理处、审计监察处（纪委办公室）、党群工作处（企业文化处）；机关附属机构10个：财务结算中心、职业技能鉴定站、成品油检验中心、车队、市场研究与发展中心、仓储分公司、加油卡销售管理中心、设备维修中心、信息系统运维中心、宣传中心；所属二级单位7个，其中全资分公司6个：浦东分公司、浦西分公司、奉金分公司、松青分公司、宝嘉分公司、崇明分公司，直属专业公司1个：燃料油销售中心。

2015年6月，上海销售分公司决定撤销燃料油销售中心，相关业务及职责并入营销处。

2015年12月10日，经研究并商得中共上海市委同意，股份公司决定，任命杨昌陶为上海销售分公司总经理，免去佟福财的总经理职务。

2016年12月1日，上海销售分公司第一次工会会员代表大会召开，选举产生上海销售分公司第一届工会委员会。工会委员会由11人组成，王建军为工会主席。

2017年7月20日，中共上海销售分公司第一次代表大会召开，选举产生中共上海销售分公司第一届委员会和中共上海销售分公司纪律检查委员会。中共上海销售分公司委员会由6人组成，杨昌陶为党委书记。中共上海销售分公司纪律检查委员会由5人组成，黄润东为纪委书记。

2018年6月，上海销售分公司对两级机关的机构编制进行调整，机关设12个处室：总经理办公室（党委办公室）、人事处（党委组织部）、财务处、营销处、仓储调运处、加油站管理处、投资建设管理处、质量安全环保处、企业管理处、信息化管理处、审计监察处（纪委办公室）、党群工作处（企业文化处、党委宣传部）。撤销非油品业务处，成立非油品销售公司，按直属专业公司管理。保留财务结算中心、职业技能鉴定站、成品油检验中心3个附属机构牌子。撤销车队、市场研究与发展中心、仓储分公司、加油卡销售管理中心、设备维修中心、信息系统运维中心、宣传中心7个附属机构。

截至2018年12月31日，上海销售分公司设机关处室12个；所属二级单位7个，其中全资分公司6个、直属专业公司1个：浦东分公司、浦西分公司、奉金分公司、松青分公司、宝嘉分公司、崇明分公司、非油品销售分公司。

二、发展战略与经营成果

2014 年至 2018 年，上海销售分公司明方向、定战略、抓经营、谋发展，全面完成各项工作任务，为"十二五"经营和发展画上了圆满句号。"十三五"高标准起步，综合竞争力增强，经营质量提升，网络根基牢固，精细管理深化，改革创新深入，高质量发展稳步推进，稳步推进率先建成世界一流水平销售企业的战略目标的实现。企业效益好，年年盈利，综合评价指标在区外销售企业名列前茅；实力增，纯枪年销量由 50 万吨提高到 92 万吨；管理精，"三核定"[①] 管理体系发挥了历史性作用，地罐交接、自助加油、双低站治理稳步推进；创新多，加油站移动支付、橇装加油、充电桩、水上加油、LNG 和 CNG 等战略构想逐一落地，实现历史性突破；形象好，2014 年至 2018 年连续 5 年获得"上海市安全生产优胜单位""集团公司环保先进单位"称号。

2016 年，深入分析内外部经营发展优势劣势，制订企业"十三五"规划目标，明确发展思路和发展方向。"十三五"规划目标是：到 2020 年，世界一流水平销售企业建设迈上新台阶，企业发展有质量、有效益、可持续；到 2030 年前，率先建成世界一流水平销售企业；并提出"一二三四五六"发展思路，大力推进率先建成世界一流水平销售企业步伐，为集团公司建设世界一流综合性国际能源公司做出更大的贡献。

（一）拓市场增份额，经营质量不断提高

直批逆势增加销量。始终抓牢市场分析和研判，快速应对市场变化，把握趋势拐点，兼顾量效关系，优化竞争策略，减少无效直批，实现稳销量、保份额、增效益。打通资源互供渠道，妥善处理竞合关系，提升资源创效能力，共同维护市场秩序。加强客户经理人队伍建设，完善客户经理管理办法，持续提升客户经理服务水平，累计新开发机构用户 341 家，增强了市场竞争力，提升了市场话语权。建成成品油直销管理平台，优化客户购油体验，增强客户黏性。以高层沟通、战略合作、资源共享、多层次共建等方式，深化

---

① "三核定"即核定销量、核定成本费用、核定利润。

与巴士公交、环境油品等大客户合作。提前完成国 V 油品置换升级。

零售质量不断提高。2016 年至 2018 年连续开展"振兴式"加油站打造，提出近 300 项优化措施，高端站集群进一步扩大，单站日销量持续增长，创历史最高水平。建立分级协调机制，设立区域价格防火墙，压缩价格竞争影响范围。大力开展百日促销上量、服务质量提升月等活动，专项抓全员开口营销，开展"神秘顾客检查月月考评"活动，与绩效考核挂钩，现场服务水平不断提升。全面推进油卡非润一体化营销，四季主题促销、"10 惠"、百日上量客户开发竞赛、加油卡"六进"等营销活动赢得大量新客户。以差异化营销拓市场，首批实现与中国工商银行积分兑换，试点推广加油卡网上自助充值和电子发票，微信、电子券等支付方式走向全国，交通银行"最红星期五"、中国工商银行"爱购周末"、支付宝"双十二"等联合营销活动让客户收获满满。完成 11 座"双低"站委托经营，16 个站成功试水 CN98 超级汽油。

非油业务持续上台阶。整合油卡非润资源优势，"油惠生活""昆仑好客十周年"等多样化营销形成品牌，在便利店不增的情况下，收入、利润跨越式增长。广泛开展跨界合作，与 20 多家单位签订互采协议，与光明乳业、中国电信、银联等跨界合作营销成效显著。昆仑车辅产品销售能力不断提升。开发优质特色商品和服务，ETC 业务占上海地区总网点 56%，水果生鲜销售继续扩大规模，车享咔咔战略合作新增汽服门店 4 家。深挖油站优质资源，打造优品店，店销规模迅速增长。

优化运作提高效益。加强购销衔接，优化直炼和集采资源购进节奏，各方协同推进资源创效。保持合理低库存运营，有效规避跌价风险，降低成本和资金占用，资源运营成为创效的前提和基础。重构资源配送格局，引入第三方承运商，油品及时配送得到保证。物流 2.0 客户模块上线试运行，配置计划更准确，配送更高效。协调解决云峰油库投运、油罐车通行长江隧桥、中国国际进口博览会期间禁运限行区域保供等难题，按期完成国 VI 油品置换和国储油轮换，为经营工作提供了有力保障。

（二）善攻坚敢啃硬，网络发展持续发力

网络开发多点突破。对照政府规划，坚持项目储备发展规划与重点开发项目攻关协同并重，与多家地方国企发展合作，累计新开发加油站 6 座，投运 4 座，近 10 座存量项目进入土地收储阶段。按照依法经营、互惠互利的原则，积极应对加油站租赁运营协议集中到期、地价大幅上涨等复杂利益格局，与出租方建立常态化沟通机制，全部加油站完成续租，中油浦东、中油农工商成功实现二次合作，确保站点不丢。

库站改造多面开花。制订加油站改造三年滚动计划，统筹推进达标改造、双层罐改造、信息化改造，近 80% 的运营站完成防渗改造，加油站窗口形象和服务能力进一步提升。通过改造解决加油站经营环境中的堵点、痛点、难点，优化经营布局，提升环保水平，实现油品和非油品双提升。

多元发展多层拓进。按照公司多元发展战略，立足已有网络，统筹油非气电"大网络"布局，水上市场取得突破，天然气业务顺利推进，清洁能源及新能源领域油气合建项目取得政府批复，B5 生物柴油全业务链条打通。配合黄浦江岸线贯通，云峰油库停产及迁建获上海市政府认可，新址建设前期工作稳步推进；开展新河油库改造论证，为库容优化预留空间。

（三）抓基础求精益，管理创新持续深入

安全环保平稳受控。坚持党政同责、一岗双责、失职追责，层层签订安全环保责任书，完善安全环保联系点，健全安全环保责任体系，梳理岗位 HSE 任务清单，启动 HSE 履职能力评估，组织主要负责人 HSE 述职评议，持续有效推进 HSE 管理体系建设，责任意识和履职能力明显提升。发布新版 HSE 管理手册和制度汇编，制定加油站 HSE 标准化建设工作方案，稳步推进 6 个 HSE 样板站打造。加大安全环保监督和隐患治理，加强资金保障，应急物资 19 类配备到位，劳动防护用品配备到位。创新建立四色预警机制，风险防控和综合应急能力稳步提升。2014 年至 2018 年上海销售分公司每年均获得上海市"安全生产优胜单位"称号。

合规管理深入推进。不断建立健全各类规章制度，优化简化工作流程，强化关键业务控制，修订制定各类规章制度 62 项，确保各项工作管理合规、过程受控。规范股权企业"三会"①，促进市场化运营，完成法人压减项目 5 个，股权单位创效能力不断提升。加大下海油品监管，对 463 个地罐进行偏

---
① "三会"即股东会、董事会、监事会。

差确认，购进损耗率连续 6 年下降，零售损耗实现正收益。开源节流降本增效措施有效落实，坚持季度经济活动分析，强化对标，财务费用连续 3 年硬下降，财务费用控制稳居区外销售企业第一。加大集约化物采力度，降低采购成本近 2200 万元。

体制机制持续完善。出台"1+14"制度体系①，有序推进三项制度改革，规范分公司机关设置，完善机关、分公司、加油站三级管理职责，两级机关机构总数压减 16 个，管理人员减编 73 人。修订完善工资管理、业绩考核办法，完善薪酬分配机制，设立总经理奖励基金，加大薪酬与业绩考核挂钩，员工争创业绩的积极性充分调动。大力推进信息化建设，10 个信息化项目和 3 个框架协议完成签约，全面推行移动办公，加油站智能视频监控系统持续完善，数字上海公司、智慧加油站打造迈出坚定步伐。推行财务管理"三集中"②、非油业务公司化运作、物流配送引入第三方竞争、双低站全面委托经营，管理效能进一步释放。

三、党的建设和企业文化建设

2008 年以来，上海销售分公司党委推进以党的建设工程、素质提升工程、反腐倡廉工程、队伍建设工程和企业文化建设工程为内容的党建工作"五大工程"，开启了公司党建工作新的历史篇章。

（一）2014 年至 2017 年，"五大工程"纵深推进提供坚强保证

1. 党的建设持续加强

思想教育持续加强。相继深入开展党的群众路线教育实践活动、"三严三实"专题教育、重塑形象大讨论和"两学一做"学习教育，组织召开专题学习讨论 156 场次，专题集中学习 200 余场次，收集各类学习总结 800 多篇，党员干部理想信念更加坚定。党的群众路线教育实践活动受到中央第 39 督导组的高度认可。领导班子建设持续加强。坚定落实两级中心组学习制度，年度有计划，月度有安排，重要时段和重大事件有专题，人员、时间、场

---

① "1+14"制度体系即《上海销售分公司深化人事劳动分配制度改革实施方案》及 14 项配套机制。

② "三集中"即资金、核算、债务集中管理。

地、内容、效果做到"五落实"。"三重一大"制度不断完善，议事规则和程序不断规范，民主生活会、干部述职述廉、重大事项报告、干部离任审计、谈心谈话等制度执行到位。基层组织建设持续加强。机关成立党工委，各分公司成立党委，股权企业党支部全覆盖，基层组织进一步健全。全部党组织按期换届，新老党组织书记定期培训，支部基础工作进一步夯实。严格遵循发展党员的新十六字方针，新发展党员和入党积极分子70%以上来自基层一线，党员队伍结构进一步改善。理论武装持续加强。各会员单位每年一次党建思想政治工作研究形成惯例，累计征集优秀论文160余篇，近40个课题获得上级表彰。党建工作案例《搭建五大工程，全面提升党群工作》入选集团公司优秀党建工作案例。

2. 队伍素质稳步提升

学习氛围更加浓厚。扎实开展学习型党组织创建，深入推进"千万图书送基层、百万员工品书香"工程，坚持开展"学习在石油·每日悦读十分钟"全员读书活动，累计为基层增配图书30000余册，全部加油站配书到位。编制《员工基本知识体系丛书》3年学习规划，将全员学习融入工作学习生活。搭建横向学习平台，开展管理人员挂职培训学习，员工在挂职培训学习中不断进步。培训效果稳步提升。动态编制年度培训计划，建立公司、分公司、基层库站三级培训网络，搭建线上线下培训平台，三级培训互为补充，线上线下互动配合，全覆盖的立体培训体系进一步健全。累计开展各类培训近1500班次，培训员工近44000人次，培训覆盖率100%。队伍结构逐步完善。两级机关管理岗位开展竞聘220余人次，累计晋升初级职称211人次、中级职称174人次、推荐高级职称26人次、推荐教授级高级职称1人次，队伍持续优化。党工团干部基本配齐，党务政工干部队伍持续优化。全面推行"百名大学生站经理计划"和站经理岗位资格认证制度，40余名大学生先后走上站经理岗位，35人通过认证考试，站经理队伍持续优化。扎实开展技能鉴定，12人取得技师等级职业资格，操作人才队伍持续优化。

3. 反腐倡廉保障有力

反腐倡廉教育持续深入。强化正面教育，每年组织专题讲座，发放相关报刊杂志2400份，选树"勤廉敬业模范干部"5人，10条原创"反腐倡廉警句格言"入选上海人民出版社出版的《廉洁从政从业警句格言精录》。加强反面警示，累计组织观看反腐倡廉教育片60余部，编印案件剖析材料7套，开展警示教育累计1000余人次，廉洁教育谈话、廉洁知识考试制度化。制定出台党务公开、领导干部安全联系点等办法，连续3年开展"作风建设年"活动，作风建设不断加强。反腐倡廉机制不断完善。"两书"内容逐步修订完善，形成5个层级10个版本《党风廉政建设责任书》和《廉洁从业承诺书》，制定《公司党风廉政建设责任清单》和《党风廉政建设责任落实手册》，明晰责任内容、抓好压力传导。制定《党风廉政建设工作考核细则》，实现和绩效挂钩。制定出台廉洁风险防控制度，印发《关于规范公司党员干部操办婚丧喜庆事宜的实施细则》《公司关于规范领导干部亲属经商办企业行为的规定》等多项规定，党内民主监督和预防腐败工作向科学化制度化规范化迈进。反腐倡廉监督更加有力。结合效能监察、审计检查、巡视反馈问题整改和信访举报，切实加大监督检查力度。累计开展专项审计20余次，发现问题7个，提出整改建议94条，全部整改完成；全力推进中央巡视反馈问题自查整改工作，在6个方面44个重点环节中，发现问题18个，制定有针对性整改措施74项；累计收到信访举报件47件，集团公司党组纪检组和巡视组转办件6件，上海市纪委驻市经信工作党委纪检监察组转办件1件，反映的问题线索58个，给予党政纪处分18人、重大职务调整6人、诫勉谈话6人，涉及处级干部8人，科级干部8人。

　　4. 凝心聚力作用显著，思想引领鼓气聚力

　　持续深入开展"形势、目标、任务、责任"主题教育，集中时间、集中力量，引导全员认清形势、明确任务，激发广大员工拼搏热情。开展全员职业道德教育，《员工职业道德承诺书》签订率100%。"四必访""五必谈"有效落实，经常性思想政治工作持续深入。事业平台丰富多彩。加油站站务管理、民主管理工作全面推进，规范加油站管理行为，拓展了员工参与企业管理的平台。全员劳动竞赛不留死角，成为员工干事创业的竞技场。工团活动成效显著，两个创新工作室获上海市经济和信息化工作系统工会工作委员会命名，振兴加油站获中央企业"青年文明号"称号，人民西路加油站等5座加油站获上海市"青年文明号"称号，常德路加油站等3座加油站获集团公司"青年文明号"称号，杨思加油站获上海市"青年突击队"称号，评选两

届公司"十大杰出青年"。员工关爱有效落实。一线员工工作生活环境持续改善，"五小工程"基本全覆盖，"家"文化不断建成。困难员工得到精准帮扶，累计帮扶困难员工1113人次，48名困难员工子女获得"金秋助学"资助。关爱体系不断完善，员工带薪休假、健康体检和定期疗养制度有效落实，送清凉、送温暖、节假日慰问等活动形成惯例。新闻宣传成绩斐然。宣传报道工作领导小组、宣传报道组、信息联络员三级宣传报道工作网络持续完善，实现全覆盖。立体式宣传阵地搭建完成，三个阵地深度融合，实现全媒体宣传阵地同频共振。上海销售分公司及所属宣传报道组多次被《中国石油报》《现代司机报》授予"先进报道组"和宣传报道"先进单位"荣誉称号。新闻发言人制度不断完善，新闻危机处置流程和媒体来访接待规范有序，事前预防和事后处置能力显著提升，舆论环境不断改善。内外环境和谐稳定。"信访稳定内保"责任书签订率100%。一线库站平安志愿者队伍组建完成，495名平安志愿者日夜坚守。加大隐患排查和维稳措施力度，定期召开形势分析会和经验分享会。世博会、亚信峰会、G20峰会等多个重要时期，安保防恐维稳工作平稳有序，无突发事件。上海销售分公司连续多年获上海市公安局"治安防范先进集体"荣誉称号。

5. 企业文化生机勃勃

大力弘扬石油精神，坚定文化自信。采取文化上墙、教育培训、参观交流、主题宣讲、媒体宣传、专题讨论等多种形式大力弘扬石油精神，企业文化上墙率100%。不断培育公司特色文化体系，丰富文化内涵。拍摄《最美石油一线工人》宣传片，制作《企业文化手册》、第一部企业形象宣传片《加油·上海》，企业发展展厅基本建成，成为文化传承、形象展示和员工教育的新基地；安全、业绩、服务、廉洁、和谐等专项文化不断形成。大力培养选树宣传先进典型，强化文化导向。刘国超荣获上海市"劳动模范"，并荣膺集团公司"特等劳动模范"和"优秀青年"；袁婷婷获上海市"五一劳动奖章"。第二届加油站经理论坛上，袁婷婷获得"十大感动人物"荣誉称号，刘国超、金玉杰、王喜庆获得"百名功勋站经理"荣誉称号，张猛获得"百名明星站经理"荣誉称号，振兴加油站获得销售公司"百座示范加油站"荣誉称号。积极开展各类文化活动，拓展文化载体。员工文体活动蓬勃开展，员工运动会、歌咏比赛、健步走、羽毛球赛等活动深受广大员工喜爱。文明加油站、文明单位和文明行业三级联创，振兴加油站、上中路加油站获得上海市民"我最喜爱的加油站"荣誉称号，上海销售分公司首获上海市"文明单位"荣誉称号。

（二）2017年以来，党建工作与经营工作深度融合作用日益突出

1. 以十九大精神为指引，全面加强党的领导

加强党的政治领导。将学习宣贯党的十九大精神作为首要政治任务，报告式宣讲覆盖全体员工，远程教育覆盖全体党员，主题培训覆盖全体党员领导干部，"不忘初心、牢记使命"主题论坛、"四个诠释"主题党日等自选动作精彩纷呈，引导全员增强"四个意识"、坚定"四个自信"、做到"两个维护"。加强党的思想领导。抓牢习近平新时代中国特色社会主义思想主线，主题学习贯穿全年，自主学习覆盖全业务，理论研究深度阐释，确保全员在思想上政治上行动上同党中央保持高度一致。意识形态工作纳入党建工作要点，制定《意识形态工作责任制》，组建三级新闻宣传队伍和网评员队伍，意识形态工作纳入党建巡查和党建责任考核，确保意识形态领域绝对安全。加强党的组织领导。将党委研究作为前置程序，成立党的建设领导小组，大力推进党建入章程工作，为发挥党委的领导作用打牢基础。科学推进基层党组织建设，将6家分公司党支部改建为党委，新设党支部18个，将党的组织建设延伸到经营发展的第一线。坚持党管干部人才原则。将两级班子建设作为长期重点工作来抓，二级单位党组织书记全部配备到位。从严管理加强监督，扎实开展"一报告两评议"，严格执行离任审计制度，强化年度考核、民主评议结果应用，干部管理更加规范，体系更加健全。加大优秀年轻干部培养选拔力度，累计内部交流干部36人、外部挂职干部11人。注重专业技术人才培养，培育2名销售公司"百名优师"和13名职业技能鉴定技师。加强对工团工作的领导。所属工团组织按时完成换届，股权企业均成立工团组织。群众性创新活动形成60项创新课题、200多项"五新五小"成果和金点子。常德路加油站和振兴加油站再次获得"上海市青年文明号"称号，王海青获得上海市经信系统职业技能竞赛石油化工板块成品油销售专场计量竞赛第一名；刘国超创新工作室获评"上海市创新工作室"；上海销售分公司连续多年获得上海市"安康杯"优胜单位荣誉称号。

2. 以压实党建责任为路径，全面夯实党建基础

成立党的建设工作领导小组，明确党委委员工作分工，强化党委主体责任落实；修订所属单位领导班子岗位说明书，构建党组织履行主体责任、书记承担第一责任、班子成员分工负责、职能部门牵头抓总、相关部门齐抓共管的党建工作格局。制定《党建工作责任制实施细则》《考核评价实施办法》，细化 45 个评价要点和 143 项扣分标准，实行党建工作责任"千分考"。连续开展内部党建督查，组织书记述职评议，评议结果纳入党建责任制考核评价体系，强化管党治党责任链条。制定《加强党的组织生活指导意见》和《党支部组织生活记录》等工作手册，实现党建工作规范化和标准化。全过程加强党员管理工作，转出 32 人，脱党除名 2 人。全面推广应用石油党建信息化平台，实现党建工作全过程、全业务、全维度跟踪监控，月通报、季检查、年考核，全面夯实党建基础工作。常态推进党建制度费立改工作，制定下发党建制度 10 余项，编印 13 万余字的党建制度汇编。配强强配党务干部，所属单位全部配齐专职党务干事，分公司增设专职党群副主任；组织党支部书记培训班 4 期近 50 人次，组织党务培训 10 余次，党务干部能力素质不断加强。先后制定党费和党组织工作经费管理办法，强化党组织经费保障。深入开展"四合格四诠释"岗位实践活动，各级党组织结合实际深化"党员责任区""党员示范岗""党员亮身份"等活动，党员先锋模范作用处处彰显。嘉定南区党支部获评上海市经信系统"百强支部"，浦西北区党支部获评上海市"党员示范岗"；方皇加油站经理王永利获评"进博先锋"优秀党员。

3. 以党的规矩纪律为底线，深化全面从严治党要求

抓牢"两个责任"落实。修订完善《党风廉政建设责任落实手册》，统一规范责任落实的实施证据，定期将填写情况收集汇总。签订 5 个层级 10 个版本《党风廉政建设责任书》《廉洁从业承诺书》，签订范围扩大到全体管理人员，构建了横向到边、纵向到底的责任体系。推进"三不腐"机制。持续开展内部政治巡察，修订完善《巡察工作规定》等多项制度，完成 5 家二级单位巡察，发现问题 59 个、移交线索 5 个。瞄准弹性空间和空白区域，对 10 个方面 79 个例外事项进行销项整改，对 145 项制度进行全盘梳理，不能腐的堤坝更加牢固。重大年节假期常提醒，廉洁教育常态开展，警示教

育融入支部生活，正面教育促进廉洁文化形成，反面教育促廉洁意识入心。用好监督执行"四种形态"。备案领导干部个人事项2份，收缴礼品礼金价值2000余元，对5名管理人员进行诫勉谈话，对2名党员干部和1个分公司领导班子进行提醒谈话。问题线索立案并结案2个，挽回直接经济损失46440元；因涉法违纪行为开除党籍2人，督促1个分公司落实党员领导干部的处分决定。擦亮作风建设"金色名片"。盯住"大节点"，剥去"隐身衣"，整治"小毛病"，查处基层小微问题11个。机关作风建设常态推进，制定《机关作风建设工作管理办法》，季评比、年总评，纳入劳动竞赛项目，作为选先评优重要依据，持续加强作风建设。

4.以促进作用发挥为目标，全面提升党建工作质量

全频道唱响主旋律。结合新时代新任务新要求，强化阵地领域引导和管理，持续不断壮大主旋律。《上海销售》发刊近50期，门户主页发布新闻近10000条，微信企业号原创推送120期。企业诚信经营、绿色发展、优质服务等先进事迹先后在《解放日报》《新民晚报》等多家媒体报道。处理负面舆情事件1起，跟踪敏感网络舆情5起，新闻危机为零。以庆祝改革开放40周年和上海销售分公司成立20周年大力弘扬石油精神，"形势、目标、任务、责任"教育活动直通库站，编发《奋进又十年》画册和《中国石油天然气股份有限公司上海销售分公司志》，22批次2000余人参观展厅，"庆祝改革开放40周年"联合文艺汇演，350余名员工用歌舞说唱等多种文艺形式唱响石油精神、凝聚石油力量。深层次完善关爱体系。全力保障员工权益，办理工会会员卡，为全体会员发送生日祝福；冬送温暖夏送清凉，困难送帮扶，年均发放慰问物资约6万元，年均走访慰问困难员工近200人次，发放慰问金170余万元。举办员工文化艺术节和运动会，文联体协各类社团月月有活动，员工精神文化生活更加丰富。全方位展示良好形象。宝石花志愿服务、重塑良好形象活动周和群众性精神文明创建常态开展，形成文明单位、文明行业的创建机制，宣传了良好形象，与客户、地方联系更加密切。振兴宝石花志愿者服务队获得上海市"志愿服务先进集体"，人民西路加油站被评为上海市"巾帼创新工作室"，振兴加油站经理苏国明获上海市"五一劳动奖章"，金朝加油站经理鲁叶获上海市"巾帼文明标兵"称号，史宇轩获得上海市"优秀青年志愿者"称号。

第一章　领导机构

上海销售分公司前身为 1999 年 1 月成立的中国石油销售华东公司，主要负责上海、江苏、浙江、山东、安徽、江西、福建、广东、海南地区的成品油销售、市场开发和终端网络建设等工作，是中国石油在区外成立的第一家销售企业。1999 年 7 月，中国石油销售华东公司更名为中国石油华东销售公司，11 月上划股份公司管理，12 月更名为中国石油天然气股份有限公司华东销售分公司（简称华东销售分公司）。2008 年 12 月，华东销售分公司与下属上海销售分公司进行整合，实行一个机构、两块牌子，整合后更名为中国石油天然气股份有限公司华东销售分公司（上海销售分公司），主要负责中国石油在上海市辖区的油气销售、市场开发和终端网络建设业务。2009 年 11 月，股份公司决定，注销华东销售分公司，单独使用上海销售分公司名称，不再履行地区资源二次配置职能。上海销售分公司作为股份公司的地区分公司，行政上由股份公司直接管理，业务上由股份公司销售分公司归口管理。机构规格副局级，党组织关系隶属于中共上海市经济和信息化工作委员会。公司机关办公地点在上海市浦东新区世纪大道 1200 号。

第一节　上海销售分公司行政领导机构
（2014.1—2018.12）

截至 2014 年 1 月 1 日，上海销售分公司行政领导班子由 7 人组成：佟福财任总经理，杨昌陶、王建军、高贤才、杨德有、金浩任副总经理，姜滇任总会计师，高贤才兼任安全总监。

2014 年 10 月，股份公司人事部决定：免去金浩的上海销售分公司副总经理职务；免去高贤才的上海销售分公司副总经理、安全总监职务，调任浙江销售分公司党委书记。

2014 年 11 月，股份公司人事部批准，同意金浩因病退出领导岗位。

2015 年 12 月，股份公司决定：杨昌陶任上海销售分公司总经理；免去佟福财的上海销售分公司总经理职务，调任江苏销售分公司总经理。

2016 年 1 月，领导班子成员分工调整如下。党委书记、总经理杨昌陶主持公司行政、党委、纪委（监察）全面工作，负责公司发展战略规划、党的建设、企业文化建设、审计、纪检监察工作，分管党群工作处（企业文化处）、审计监察处（纪委办公室）。总会计师、党委委员姜滇负责公司财务管理、非油品经营管理工作，分管财务处、非油品业务处。副总经理、工会主席、党委委员王建军负责公司企业法律事务、制度建设、内控、股权管理、物资集中采购管理、固定资产实物管理、信息化建设管理，新闻、治安信访、维稳及内保、团委工作，主持工会工作，分管企业管理处、信息化管理处、总经理办公室（党委办公室）。副总经理、党委委员杨德有负责公司油品营销，油品购进、物流配送、加油站管理、油库管理、安全环保与 HSE 体系建设，计量、质量及标准化工作。分管营销处、加油站管理处。

2016 年 8 月，领导班子成员分工调整如下。党委书记、总经理杨昌陶主持公司全面工作，负责公司发展战略规划、党的建设、人事、审计工作，分管党群工作处（企业文化处）。总会计师、党委委员姜滇负责公司财务管理、非油品经营管理工作，分管财务处、非油品业务处。纪委书记、党委委员黄润东负责公司纪委（监察）工作，协管审计工作，分管审计监察处（纪委办公室）。副总经理、工会主席、党委委员王建军负责公司企业法律事务、制度建设、内控、股权管理、物资集中采购管理、固定资产实物管理、信息化建设管理，新闻、治安信访、维稳及内保、团委工作，主持工会工作，分管企业管理处、信息化管理处、总经理办公室（党委办公室）。副总经理、党委委员杨德有负责公司油品营销，油品购进、物流配送、加油站管理、油库管理、安全环保与 HSE 体系建设，计量、质量及标准化工作，分管营销处、加油站管理处。

2016 年 10 月，股份公司决定：杨杰任上海销售分公司副总经理、安全总监。

2016 年 11 月，领导班子成员分工调整如下。党委书记、总经理杨昌陶主持公司行政及公司党委全面工作，负责公司发展战略规划、党的建设、组织干部、人事劳资、审计工作，分管党群工作处（企业文化处）。总会计师、党委委员姜滇负责公司财务管理、非油品经营管理工作；分管财务处、非油品业务处。纪委书记、党委委员黄润东负责公司纪委（监察）工作，协管审计工作，分管审计监察处（纪委办公室）。副总经理、工会主席、党委委员王建军负责公司企业法律事务、制度建设、内控、股权管理、物资集中采购管理、固定资产实物管理、信息化建设管理、团委工作，主持工会工作，分管企业管理处、信息化管理处。副总经理、党委委员杨德有负责公司油品营销，油品购进、物流配送、加油站管理、油库管理、计量管理工作，分管营销处、加油站管理处、仓储调运处。副总经理、安全总监、党委委员杨杰负责安全环保与 HSE 体系建设、质量及标准化工作、新闻、治安信访、维稳及内保工作，协助党委书记、总经理杨昌陶分管组织干部、人事劳资、退休职工管理工作。分管质量安全环保处、人事处（党委组织部）、总经理办公室（党委办公室）。

2016 年 12 月，股份公司决定：免去姜滇的上海销售分公司总会计师职务，调任天然气销售东部分公司总会计师。

2017 年 5 月，股份公司决定：宋根建任上海销售分公司总会计师。

2018 年 1 月，领导班子成员分工调整如下。总经理杨昌陶主持公司行政工作，负责公司发展战略规划、人事劳资、审计工作。副总经理王建军协助总经理负责行政日常工作，负责公司企业管理工作，分管法律事务、制度建设、内控、股权管理、物资集中采购、固定资产实物管理工作，分管企业改革、科技创新工作，分管企业文化工作，主管企业管理处、党群工作处。副总经理杨德有负责公司经营管理工作，分管油品销售、油品购进、物流配送、加油站管理、油库管理、计量管理工作、非油经营管理、互联网营销，分管新能源发展研究与开发利用工作，主持公司经营运作协调小组工作，主管营销处、加油站管理处、仓储调运处、非油品业务处。副总经理、安全总监杨杰负责公司安全环保及行政管理工作，分管 HSE 体系、质量体系建设及标准化工作，分管行政督查督办、行政事务组织协调、文秘信息、机要保密、档案管理、品牌管理、治安内保工作，协助总经理分管人事劳资、退休职工管理工作，主管质量安全环保处、人事处、总经理办公室。总会计师宋根建负责公司财务管理及信息化管理工作，分管会计核算、预算管理、财务分析、资金管理、税收筹划工作，分管信息系统建设规划、开发应用、系统运维、信息安全工作，主管财务处、信息化管理处。

　　截至 2018 年 12 月 31 日，上海销售分公司行政领导班子由 5 人组成：杨昌陶任总经理，王建军、杨德有、杨杰任副总经理，宋根建任总会计师，杨杰兼任安全总监。

　　期间：2017 年 4 月，上海销售分公司党委书记、总经理杨昌陶当选中共上海市第十一次代表大会代表。

总 经 理　佟福财（满族，正局级，2014.1—2015.12）[①]

杨昌陶（2015.12—2018.12）

副 总 经 理　杨昌陶（2014.1—2015.12）

王建军（2014.1—2018.12）

高贤才（2014.1—10）[②]

杨德有（2014.1—2018.12）

金　浩（2014.1—10）[③]

杨　杰（2016.10—2018.12）

总 会 计 师　姜　滇（2014.1—2016.12）[④]

宋根建（2017.5—2018.12）

安 全 总 监　高贤才（兼任，2014.1—10）[⑤]

杨　杰（兼任，2016.10—2018.12）

正处级干部　金　浩（2014.10—2018.12）

第二节　上海销售分公司党委（2014.1—2018.12）

　　截至 2014 年 1 月 1 日，上海销售分公司党委由 7 人组成，杨昌陶任党委书记，佟福财任党委副书记，姜滇、王建军、高贤才、杨德有、金浩任党

---

① 2015 年 12 月，佟福财调任江苏销售分公司总经理。

② 2014 年 10 月，高贤才调任浙江销售分公司党委书记。

③ 2014 年 11 月，金浩因病退出领导岗位。

④ 2016 年 12 月，姜滇调任天然气销售东部分公司总会计师。2016 年 12 月至 2017 年 5 月期间，上海销售分公司总会计师空缺。

⑤ 2014 年 10 月至 2016 年 10 月期间，上海销售分公司安全总监空缺。

委委员。

2014 年 10 月，股份公司人事部决定：免去金浩的上海销售分公司党委委员职务；免去高贤才的上海销售分公司党委委员职务。

2014 年 11 月，股份公司人事部批准，同意金浩因病退出领导岗位。

2015 年 12 月，经商得中共上海市委同意，集团公司党组决定：免去佟福财的上海销售分公司党委副书记、委员职务。

2016 年 7 月，集团公司党组决定：黄润东任上海销售分公司党委委员。

2016 年 10 月，集团公司党组决定：杨杰任上海销售分公司党委委员。

2016 年 12 月，集团公司党组决定：免去姜滇的上海销售分公司党委委员职务。

2017 年 5 月，集团公司党组决定：宋根建任上海销售分公司党委委员。

2017 年 7 月，中共上海销售分公司第一次代表大会在上海召开，134 名党员代表和 8 名列席代表参加会议。会议选举产生中共上海销售分公司第一届委员会。中共上海销售分公司委员会由王建军、杨杰、杨昌陶、杨德有、宋根建、黄润东等 6 人组成，杨昌陶为党委书记。

2018 年 1 月，为进一步加强上海销售分公司党建工作，切实履行党委主体责任，充分发挥党委领导作用，根据党委实行集体领导和个人分工负责相结合的原则，对党委委员进行分工如下。党委书记杨昌陶主持公司党委工作，全面负责党的政治建设、思想建设、作风建设、纪律建设，抓好制度建设和反腐败工作，分管组织干部工作。纪委书记、党委委员黄润东主持公司纪委工作，负责政治建设、作风建设及分管部门和分管业务领域的党建工作，分管纪律建设、反腐败工作及制度建设工作；主管纪委办公室。工会主席、党委委员王建军负责政治建设、作风建设及分管部门和分管业务领域的党建工作，分管思想建设及制度建设、意识形态、宣传新闻、团委工作，主持公司工会工作；主管党委宣传部。党委委员杨德有负责政治建设、作风建设及分管部门和分管业务领域的党建工作。党委委员杨杰负责政治建设、作风建设及分管部门和分管业务领域的党建工作，分管组织建设及制度建设、党委督查督办、党委事务组织协调、机要保密、信访维稳工作，主持直属机关党工委工作；主管党委组织部、党委办公室。党委委员宋根建负责政治建设、作风建设及分管部门和分管业务领域的党建工作。

截至 2018 年 12 月 31 日，上海销售分公司党委由 6 人组成，杨昌陶任党委书记，杨德有、王建军、杨杰、黄润东、宋根建任党委委员。

书　　　记　杨昌陶（2014.1—2018.12）

副　书　记　佟福财（2014.1—2015.12）

委　　　员　杨昌陶（2014.1—2018.12）

　　　　　　佟福财（2014.1—2015.12）

　　　　　　姜　滇（2014.1—2016.12）

　　　　　　王建军（2014.1—2018.12）

　　　　　　高贤才（2014.1—10）

　　　　　　杨德有（2014.1—2018.12）

　　　　　　金　浩（2014.1—10）

　　　　　　黄润东（2016.7—2018.12）

　　　　　　杨　杰（2016.10—2018.12）

　　　　　　宋根建（2017.5—2018.12）

第三节　上海销售分公司纪委（2014.1—2018.12）

截至 2014 年 1 月 1 日，上海销售分公司纪委由 3 人组成，杨昌陶任纪委书记，杨永刚任纪委副书记。

2016 年 7 月，集团公司党组决定：黄润东任上海销售分公司纪委书记；免去杨昌陶的上海销售分公司纪委书记职务。

2017 年 7 月，中共上海销售分公司第一次代表大会在上海召开，134 名党员代表和 8 名列席代表参加会议。会议选举产生中共上海销售分公司第一届纪律检查委员会。中共上海销售分公司纪律检查委员会由毛福胜、刘斌、闫紫峰、胡进军、黄润东等 5 人组成，黄润东为纪委书记。

2017 年 8 月，上海销售分公司党委决定：刘斌任上海销售分公司纪委副书记。

截至 2018 年 12 月 31 日，上海销售分公司纪委由 3 人组成，黄润东任纪委书记，刘斌任纪委副书记。

书　　记　杨昌陶（2014.1—2016.7）

　　　　　黄润东（2016.7—2018.12）

副　书　记　杨永刚（2014.1—2016.7）

　　　　　刘　斌（2017.8—2018.12）

第四节　上海销售分公司工会委员会
（2014.1—2018.12）

截至 2014 年 1 月 1 日，上海销售分公司工会委员会由 6 人组成，王建军任工会主席，孙钲珂任工会副主席。

2016 年 3 月，上海销售分公司党委决定：免去孙钲珂的工会副主席职务。

2016 年 12 月，上海销售分公司第一次工会会员代表大会召开，136 名工会会员代表和 4 名列席代表参加会议。会议选举产生上海销售分公司第一届工会委员会、经费审查委员会和女职工委员会。工会委员会由王建军、毛福胜、仝宣、李成、李建军、李珩洲、张旭东、严鹏飞、吴丽萍、胡进军、潘雁等 11 人组成，王建军为工会主席，毛福胜、潘雁为工会副主席。经费审查委员会由王冰、刘斌、孙振中、张楠、黄剑宇等 5 人组成，刘斌为委员会主任。女职工委员会由狄蓓、杜琳、徐丽萍、袁婷婷、潘雁等 5 人组成，潘雁为委员会主任。

截至 2018 年 12 月 31 日，上海销售分公司工会委员会由 9 人组成，王建军任工会主席，毛福胜、潘雁任工会副主席。

主　　席　王建军（2014.1—2018.12）

副　主　席　孙钲珂（2014.1—2016.3）[①]

　　　　　毛福胜（2016.12—2018.12）

　　　　　潘　雁（女，2016.12—2018.12）

---

① 2016 年 3 月至 12 月期间，上海销售分公司工会副主席空缺。

第五节 上海销售分公司总经理助理、安全副总监、 总法律顾问（2014.1—2018.12）

截至 2014 年 1 月 1 日，王继军、杨杰、张卓任上海销售分公司总经理助理，张文轩任安全副总监，王理民任总法律顾问。

2015 年 2 月，上海销售分公司决定：王继军协助佟福财总经理分管投资计划工作，杨杰协助王建军副总经理分管人事工作，张卓协助杨德有副总经理分管营销工作，张文轩协助佟福财总经理分管质量安全环保工作。

2016 年 1 月，总经理助理、安全副总监、总法律顾问分工调整如下。总经理助理兼投资计划建设管理处处长王继军协助党委书记、总经理杨昌陶分管投资计划、工程建设工作，分管投资计划建设管理处。总经理助理兼党委组织部部长、人事处处长杨杰协助党委书记、总经理杨昌陶分管组织、劳资、人事、退休职工管理工作；分管人事处（党委组织部）。总经理助理张卓协助副总经理杨德有分管油品购进、物流配送、计量、油品营销工作，分管仓储调运处。安全副总监兼质量安全环保处处长张文轩协助副总经理杨德有分管安全环保与 HSE 体系建设，质量及标准化工作，分管质量安全环保处。总法律顾问王理民协助副总经理王建军分管法律事务和股权管理、制度建设工作。

2016 年 8 月，总经理助理、安全副总监、总法律顾问分工调整如下。总经理助理兼投资计划建设管理处处长王继军协助总经理分管投资计划、工程建设工作，分管投资计划建设管理处。总经理助理兼党委组织部部长、人事处处长杨杰协助党委书记、总经理杨昌陶分管组织、劳资、人事、退休职工管理工作，分管人事处（党委组织部）。总经理助理张卓协助副总经理杨德有分管油品购进、物流配送、计量、油品营销工作，分管仓储调运处。安全副总监兼质量安全环保处处长张文轩协助副总经理杨德有分管安全环保与 HSE 体系建设，质量及标准化工作；分管质量安全环保处。总法律顾问王理民协助副总经理王建军分管法律事务和股权管理、制度建设工作。

2016 年 11 月，总经理助理、安全副总监、总法律顾问分工调整如下。总经理助理兼投资建设管理处处长王继军协助党委书记、总经理杨昌陶分管投资计划、工程建设工作，主持投资建设管理处工作。总经理助理张卓协助副总经理杨德有分管油品购进、物流配送、计量、油品营销工作。安全副总监兼质量安全环保处处长张文轩协助副总经理、安全总监杨杰分管安全环保与 HSE 体系建设，质量及标准化工作，主持质量安全环保处工作。总法律顾问王理民协助副总经理王建军分管法律事务和股权管理、制度建设工作。

2018 年 1 月，总经理助理分工调整如下。总经理助理王继军协助党委书记、总经理杨昌陶分管发展规划、投资计划、工程建设工作；主管投资建设管理处。总经理助理张卓协助副总经理杨德有分管油品购进、物流配送、计量、油品营销工作。

2018 年 1 月，上海销售分公司决定：免去王理民的总法律顾问职务。

2018 年 5 月，上海销售分公司决定：免去张文轩的安全副总监职务。

2018 年 8 月，上海销售分公司决定：黄万宏任总法律顾问。

2018 年 9 月，上海销售分公司决定：马振东任安全副总监。

截至 2018 年 12 月 31 日，王继军、张卓任上海销售分公司总经理助理，马振东任安全副总监，黄万宏任总法律顾问。

总经理助理　王继军（2014.1—2018.12）

杨　杰（2014.1—2016.10）

张　卓（2014.1—2018.12）

安全副总监　张文轩（2014.1—2018.5）[①]

马振东（2018.9—12）

总法律顾问　王理民（2014.1—2018.1）[②]

黄万宏（2018.8—12）

[①]　2018 年 5 月，张文轩被委派到上海石油产品贸易行业协会专职从事相关工作。

[②]　2018 年 1 月，王理民退出领导岗位。2018 年 1 月至 8 月期间，上海销售分公司总法律顾问空缺。

第二章　机关处室及基层党团组织

截至 2014 年 1 月 1 日，上海销售分公司机关处室共 13 个，分别为总经理办公室（党委办公室）、人事处（党委组织部）、财务处、营销处、仓储调运处、加油站管理处、非油品业务处、投资建设管理处、质量安全环保处、企业管理处、信息化管理处、审计监察处（纪委办公室）、党群工作处（企业文化处）。

2018 年 6 月，上海销售分公司决定：为适应公司内外部环境的变化，提高管理效率，结合用工总量控制目标和两级机关运行实际，对两级机关的机构编制进行调整。上海销售分公司机关设 12 个处室（正处级），包括总经理办公室（党委办公室）、人事处（党委组织部）、财务处、营销处、仓储调运处、加油站管理处、投资建设管理处、质量安全环保处、企业管理处、信息化管理处、审计监察处（纪委办公室）、党群工作处（企业文化处、党委宣传部）。撤销非油品业务处，成立非油销售公司，机构规格正处级，按直属专业公司管理。保留财务结算中心、职业技能鉴定站、成品油检验中心 3 个附属机构牌子和正科级规格，人员和业务分别并入财务处、人事处（党委组织部）、质量安全环保处。撤销未经集团公司批复的车队、市场研究与发展中心、仓储分公司、加油卡销售管理中心、设备维修中心、信息系统运维中心、宣传中心 7 个附属机构，人员和职能分别并入总经理办公室（党委办公室）、营销处、仓储调运处、加油站管理处、信息化管理处、党群工作处（企业文化处、党委宣传部）。直属机关党工委、党委巡察组人员和职能分别并入人事处（党委组织部）、审计监察处（纪委办公室）。集团公司上海代表处办公室挂靠总经理办公室（党委办公室），中油财务有限责任公司上海业务受理处挂靠财务处。

2018 年 9 月，股份公司审核同意：党群工作处（企业文化处）加挂党委宣传部牌子。

截至 2018 年 12 月 31 日，上海销售分公司机关处室共 12 个，分别为总经理办公室（党委办公室）、人事处（党委组织部）、财务处、营销处、仓储调运处、加油站管理处、投资建设管理处、质量安全环保处、企业管理处、信息化管理处、审计监察处（纪委办公室）、党群工作处（企业文化处、党委宣传部）。

第一节　总经理办公室（党委办公室）
（2014.1—2018.12）

2004 年 10 月，总经理办公室（党委办公室）成立。

截至 2014 年 1 月 1 日，总经理办公室（党委办公室）主要职能：党的政治建设、思想建设、组织建设、作风建设、纪律建设、制度建设及反腐败斗争；综合协调和调查研究工作；文字工作和会议管理；信息工作和督查督办；文书、印章和保密工作；档案管理和史志工作；后勤服务保障；维稳信访和治安保卫防恐管理；车辆及办公设备设施管理。机构规格为正处级，定编 12 人，其中处室领导职数 2 人（1 人兼任上海代表处办公室主任）、一般管理人员 5 人、操作人员 5 人，在册员工 12 人。共有党员 8 人，党员组织关系隶属机关第六党支部。杨杰任总经理办公室（党委办公室）主任，袁全、杨志才、孙永会任副主任。

2015 年 2 月，上海销售分公司决定：袁全任总经理办公室（党委办公室）主任；免去杨杰的总经理办公室（党委办公室）主任职务。

2018 年 6 月，上海销售分公司决定：撤销附属机构车队，人员和职能并入总经理办公室（党委办公室）。

截至 2018 年 12 月 31 日，总经理办公室（党委办公室）在册员工 11 人。共有党员 8 人，党员组织关系隶属机关第六党支部。袁全任总经理办公室（党委办公室）主任，杨志才、孙永会任副主任。

主　　任　杨　杰（兼任，2014.1—2015.2）

　　　　　袁　全（2015.2—2018.4）[①]

副　主　任　袁　全（2014.1—2015.2）

---

① 2018 年 4 月，袁全调任西藏销售分公司副总经理。

杨志才（2014.1—2018.12）

孙永会（2014.1—2018.12）

第二节　人事处（党委组织部）
（2014.1—2018.12）

1999年7月，人事处（党委组织部）成立。

截至2014年1月1日，人事处（党委组织部）主要职能：党的政治建设、思想建设、组织建设、作风建设、纪律建设、制度建设及反腐败斗争；干部人事管理；劳动组织与劳动用工；薪酬与业绩考核；社会保险与住房公积金；人才开发与培训鉴定；信息与人事档案。机构规格为正处级，定编8人，其中处室领导职数3人（1人兼任直属机关党工委副书记）、一般管理人员5人，在册员工6人。共有党员5人，党组织关系隶属机关第四党支部。王继军任人事处（党委组织部）处长（部长），宋君义任副处长（副部长）。

2015年2月，上海销售分公司决定：杨杰主持人事处（党委组织部）工作；免去王继军的人事处（党委组织部）处长（部长）职务。

2015年3月，上海销售分公司决定：杨杰任党委组织部部长、人事处处长。

2017年4月，上海销售分公司决定：胡进军任人事处处长。上海销售分公司党委决定：胡进军任党委组织部部长。

2017年8月，上海销售分公司决定：邓生长任人事处副处长。上海销售分公司党委决定：邓生长任党委组织部副部长。

2018年4月，上海销售分公司决定：毛福胜任人事处处长。上海销售分公司党委决定：毛福胜任党委组织部部长。

2018年4月，上海销售分公司决定：免去宋君义的人事处副处长职务，调浦西分公司工作。上海销售分公司党委决定：免去宋君义的党委组织部副部长职务。

2018年6月，上海销售分公司决定：将直属机关党工委人员和职能并入人事处（党委组织部）。

截至 2018 年 12 月 31 日，人事处（党委组织部）在册员工 8 人。共有党员 8 人，党组织关系隶属机关第四党支部。毛福胜任人事处（党委组织部）处长（部长），邓生长任副处长（副部长）。

处　长（部长）　王继军（兼任，2014.1—2015.2）

　　　　　　　　杨　杰（兼任，2015.2—2017.4）

　　　　　　　　胡进军（2017.4—2018.2）[①]

　　　　　　　　毛福胜（2018.4—12）

副处长（副部长）　宋君义（2014.1—2018.4）

　　　　　　　　邓生长（2017.8—2018.12）

第三节　财务处（2014.1—2018.12）

1999 年 7 月，财务资产处成立，2009 年 1 月更名为财务处。

截至 2014 年 1 月 1 日，财务处主要职能：会计核算；资金管理；成本控制；预算编制；价值管理；财务稽核；税收研究与执行；报表编制与分析。机构规格为正处级，定编 15 人，其中处室领导职数 3 人、一般管理人员 12 人，在册员工 12 人。共有党员 8 人，党组织关系隶属机关第三党支部。朱虹任财务处处长，刘涛任副处长。

2015 年 2 月，上海销售分公司决定：刘涛任财务处处长；免去朱虹的财务处处长职务。

2015 年 8 月，上海销售分公司决定：黄剑宇任财务处副处长。

2018 年 7 月，上海销售分公司决定：郑雪峰任财务处副处长。

截至 2018 年 12 月 31 日，财务处在册员工 17 人。共有党员 10 人，党组织关系隶属机关第三党支部。刘涛任财务处处长，郑雪峰任副处长。

处　　　　　长　朱　虹（女，2014.1—2015.2）[②]

　　　　　　　　刘　涛（2015.2—2018.12）

副　　处　　长　刘　涛（2014.1—2015.2）

① 2018 年 2 月，胡进军逝世。

② 2015 年 2 月，朱虹被委派到中油上海销售有限公司担任党支部书记。

黄剑宇（2015.8—2018.7）

郑雪峰（女，2018.7—12）

第四节　营销处（2014.1—2018.12）

2004 年 8 月，营销处成立，2006 年 9 月更名为营销一处，2009 年 1 月更名为营销处。

截至 2014 年 1 月 1 日，营销处主要职能：成品油中长期营销规划；成品油配置资源采购计划管理；成品油批发销售管理；成品油市场研究和批发价格管理；成品油销售统计分析；成品油互联网直销系统管理；成品油批发市场开发和客户经理管理；天然气销售业务管理；新能源业务管理。机构规格为正处级，定编 6 人，其中处室领导职数 2 人、一般管理人员 4 人，在册员工 9 人。共有党员 5 人，党组织关系隶属机关第一党支部。黄万宏任营销处处长。

2015 年 8 月，上海销售分公司决定：李雪波任营销处副处长。

2018 年 6 月，上海销售分公司决定：撤销其附属机构（市场研究与发展中心），人员和职能并入营销处。

2018 年 8 月，上海销售分公司决定：黄万宏任总法律顾问，免去其营销处处长职务。

2018 年 9 月，上海销售分公司决定：李雪波任营销处处长。

截至 2018 年 12 月 31 日，在册员工 6 人。共有党员 4 人，党组织关系隶属机关第一党支部。李雪波任营销处处长。

处　　长　黄万宏（2014.1—2018.8）

　　　　　　李雪波（2018.9—12）

副 处 长　李雪波（2015.8—2018.9）

第五节　仓储调运处（2014.1—2018.12）

2004年8月，调运配送中心成立，2009年1月更名为调运处，2011年4月更名为仓储调运处。

截至2014年1月1日，仓储调运处主要职能：成品油购进管理；成品油出库管理；成品油存货管理（油库）；成品油计量管理；成品油损溢管理（油库和运输）；成品油物流承包商管理；成品油物流费用管理。机构规格为正处级，定编7人，其中处室领导职数2人、一般管理人员5人，在册员工16人。共有党员11人，党组织关系隶属机关第五党支部。张卓任仓储调运处处长，袁玉丹任副处长。

2015年2月，上海销售分公司决定：袁玉丹主持仓储调运处工作（副处级）。

2017年4月，上海销售分公司决定：袁玉丹任仓储调运处处长。

2018年6月，上海销售分公司决定：撤销其附属机构（仓储分公司），人员和职能并入仓储调运处。

截至2018年12月31日，在册员工11人。共有党员8人，党组织关系隶属机关第五党支部。袁玉丹任仓储调运处处长。

处　　　长　张　卓（兼任，2004.1—2015.2）
　　　　　　袁玉丹（2017.4—2018.12）
副　处　长　袁玉丹（2014.1—2017.4）[1]

第六节　加油站管理处（2014.1—2018.12）

2001年5月，加油站管理处成立。

截至2014年1月1日，加油站管理处主要职能：零售经营业务管理；

---

[1]　2015年2月至2017年4月，处长空缺。袁玉丹副处长主持工作。

加油卡业务管理；互联网业务及移动支付业务管理；加油站现场规范管理；加油站设备设施及检维修管理；零售环节损耗管理；加油站营运期间清罐管理；中油好客e站平台运营管理。机构规格为正处级，定编18人，其中处室领导职数3人、一般管理人员8人、操作人员7人，在册员工13人。共有党员8人，党组织关系隶属机关第六党支部。高铭伟任加油站管理处处长，吕浩任副处长。

2015年2月，上海销售分公司决定：郭小明任加油站管理处处长；免去高铭伟的加油站管理处处长职务。

2017年8月，上海销售分公司决定：任晓翔任加油站管理处副处长。

2018年6月，上海销售分公司决定：撤销附属机构加油卡销售管理中心、设备维修中心，人员和职能并入加油站管理处。

截至2018年12月31日，在册员工10人。共有党员8人，党组织关系隶属机关第六党支部。郭小明任加油站管理处处长，吕浩任晓翔任副处长。

处　　　长　高铭伟（2014.1—2015.2）[①]
　　　　　　　郭小明（2015.2—2018.12）
副 处 长　吕　浩（2014.1—2018.12）
　　　　　　　任晓翔（2017.8—2018.12）

第七节　非油品业务处（2014.1—2018.6）

2010年8月，非油品仓储配送中心成立，2013年8月更名为非油品业务处。

截至2014年1月1日，非油品业务处主要职能：非油业务管理与指导；非油业绩指标与考核；非油经营监督与检查；非油业务规范与培训；非油业务运作与营销；非油供应链管理；团购业务运营管理；电商平台运营管理。机构规格为正处级，定编10人，其中处室领导职数2人，一般管理人员8人，在册员工10人。共有党员4人，党组织关系隶属机关第三党支部。

---

① 2015年2月，高铭伟被委派到上海中油康桥石油有限公司担任董事长。

王玫任非油品业务处处长，丁晗任副处长。

2018 年 6 月，上海销售分公司决定：撤销非油品业务处，成立非油销售公司，机构规格为正处级，按直属专业公司管理。

　　处　　　长　王　玫（女，2014.1—2018.6）
　　副 处 长　丁　晗（2014.1—2018.6）

第八节　投资建设管理处（2014.1—2018.12）

2002 年 3 月，投资计划处成立，2011 年 4 月更名为投资建设管理处。

截至 2014 年 1 月 1 日，投资建设管理处主要职能：投资计划管理；销售网络规划；开发项目管理；工程项目管理；投资计划内和质保期内设备设施的管理；零购计划管理；供应商和承包商管理；加油站停业施工期间清罐管理。机构规格为正处级，定编 6 人，其中处室领导职数 2 人，一般管理人员 4 人，在册员工 8 人。共有党员 7 人，党组织关系隶属机关第四党支部。张文轩任投资建设管理处处长，董兵、李海生任副处长。

2015 年 2 月，上海销售分公司决定：王继军任投资建设管理处处长；免去张文轩的投资建设管理处处长职务。

2017 年 11 月，上海销售分公司决定：李海生任投资建设管理处处长，梅红卿任投资建设管理处副处长；免去王继军的投资建设管理处处长职务。

截至 2018 年 12 月 31 日，在册员工 6 人。共有党员 6 人，党组织关系隶属机关第四党支部。李海生任投资建设管理处处长，梅红卿任副处长。

　　处　　　长　张文轩（兼任，2014.1—2015.2）
　　　　　　　　王继军（兼任，2015.2—2017.11）
　　　　　　　　李海生（2017.11—2018.12）
　　副 处 长　董　兵（2014.1—2015.5）[①]
　　　　　　　　李海生（2014.1—2017.11）
　　　　　　　　梅红卿（2017.11—2018.12）

---

①　2015 年 5 月，董兵辞职。

第九节　质量安全环保处（2014.1—2018.12）

1999 年 7 月，储运安全处成立，2002 年 3 月更名为质量安全处，2009 年 1 月更名为仓储安全环保处，2009 年 11 月更名为质量安全环保处。

截至 2014 年 1 月 1 日，质量安全环保处主要职能：HSE 管理体系建设；质量管理体系建设；国家实验室认可管理体系建设；风险隐患治理；事故事件调查；作业许可管理；油品质量监督检测及其设备管理；劳动保护管理；油气回收设备管理。机构规格为正处级，定编 14 人，其中处室领导职数 2 人、一般管理人员 7 人、操作人员 5 人，在册员工 17 人。共有党员 5 人，党组织关系隶属机关第二党支部。薛峰任质量安全环保处处长，于泳任副处长。

2015 年 2 月，上海销售分公司决定：张文轩任质量安全环保处处长。

2017 年 6 月，上海销售分公司决定：马振东任质量安全环保处处长；免去张文轩的质量安全环保处处长职务。

2018 年 9 月，上海销售分公司决定：马振东任公司安全副总监。

截至 2018 年 12 月 31 日，在册员工 15 人。共有党员 6 人，党组织关系隶属机关第二党支部。马振东任质量安全环保处处长，于泳任副处长。

处　　　长　薛　峰（2014.1—6）[①]
　　　　　　张文轩（兼任，2015.2—2017.6）
　　　　　　马振东（2017.6—2018.9；兼任，2018.9—12）
副　处　长　于　泳（2014.1—2018.12）

---

① 2014 年 6 月，薛峰辞职。

第十节 企业管理处（2014.1—2018.12）

2002 年 3 月，企业管理处成立，2009 年 1 月，更名为企业法规处，2013 年 3 月企业法规处与内控管理处合并后更名为企业管理处。

截至 2014 年 1 月 1 日，企业管理处主要职能：规章制度管理；股权管理；董事监事管理；法律事务及纠纷案件管理；工商管理及合同管理；固定资产管理；内控管理及体系监督；风险管理；物资采购；招标管理；企业改革及创新管理。机构规格为正处级，定编 6 人，其中处室领导职数 2 人、一般管理人员 4 人，在册员工 7 人。共有党员 7 人，党组织关系隶属机关第五党支部。宋根建任企业管理处处长，聂春、卢萍任副处长。

2017 年 6 月，上海销售分公司决定：闫紫峰任企业管理处处长。

2018 年 7 月，上海销售分公司决定：黄剑宇任企业管理处处长；免去闫紫峰的企业管理处处长职务。

2018 年 12 月，上海销售分公司决定：免去聂春的控参股公司专职董事、企业管理处副处长职务。

截至 2018 年 12 月 31 日，在册员工 8 人。共有党员 8 人，党组织关系隶属机关第五党支部。黄剑宇任企业管理处处长，卢萍任副处长。

处　　　长　宋根建（2014.1—2017.5）[1]

　　　　　　闫紫峰（2017.6—2018.7）[2]

　　　　　　黄剑宇（2018.7—12）

副　处　长　聂　春（2014.1—2018.12）[3]

　　　　　　卢　萍（女，2014.1—2018.12）

专 职 董 事　聂　春（2014.1—2018.12）

---

[1] 2017 年 5 月，宋根建调任上海销售分公司总会计师、党委委员。

[2] 2018 年 7 月，闫紫峰辞职。

[3] 2018 年 12 月，聂春退出领导岗位。

第十一节　信息化管理处（2014.1—2018.12）

2008 年 3 月，信息化管理处成立。

截至 2014 年 1 月 1 日，信息化管理处主要职能：统建信息系统组织实施与管理；自建信息系统统筹建设管理；信息化基础设施建设与运维；生产及管理信息系统运维；信息系统培训与运维商管理；信息化建设与大数据开发应用；信息安全管理。机构规格为正处级，定编 6 人，其中处室领导职数 2 人，一般管理人员 4 人，在册员工 9 人。共有党员 5 人，党组织关系隶属机关第一党支部。李卓任信息化管理处处长，蒋红权任副处长。

2018 年 5 月，上海销售分公司决定：张靖远任信息化管理处副处长。

2018 年 6 月，上海销售分公司决定：撤销附属机构信息系统运维中心，人员和职能并入信息化管理处。

截至 2018 年 12 月 31 日，在册员工 7 人。共有党员 5 人，党组织关系隶属机关第一党支部。李卓任信息化管理处处长，蒋红权、张靖远任副处长。

处　　　长　李　卓（女，满族，2014.1—2018.12）

副　处　长　蒋红权（2014.1—2018.12）

　　　　　　张靖远（2018.5—12）

第十二节　审计监察处（纪委办公室）
（2014.1—2018.12）

1999 年 7 月，审计监察处（纪委办公室）成立。

截至 2014 年 1 月 1 日，审计监察处（纪委办公室）主要职能：党的政治建设、思想建设、组织建设、作风建设、纪律建设、制度建设及反腐败斗争；党风廉政建设及纪律检查工作；巡视巡察工作；行政监察工作；内部审计工作。机构规格为正处级，定编5人，其中处室领导职数2人、一般管理人员3人，在册员工5人。共有党员5人，党组织关系隶属机关第一党支部。杨永刚任审计监察处（纪委办公室）处长，刘斌任副处长。

2017年8月，上海销售分公司决定：刘斌任审计监察处处长。上海销售分公司党委决定：刘斌任纪委副书记、纪委办公室主任。

2018年6月，上海销售分公司决定：将党委巡察组人员和职能并入审计监察处（纪委办公室）。

截至2018年12月31日，在册员工6人。共有党员6人，党组织关系隶属机关第一党支部。刘斌任审计监察处（纪委办公室）处长。

处　　　长　杨永刚（2014.1—2016.7）[①]

刘　斌（2017.8—2018.12）

副　处　长　刘　斌（2014.1—2017.8）

第十三节　党群工作处（企业文化处）—党群工作处（企业文化处、党委宣传部）（2014.1—2018.12）

2004年10月，党群工作处成立，2009年1月，更名为党群工作处（企业文化处）。

截至2014年1月1日，党群工作处（企业文化处）主要职能：党的政治建设、思想建设、组织建设、作风建设、纪律建设、制度建设及反腐败斗争；意识形态工作；党的统战工作；新闻宣传和舆情监控；思想政治教育工作；精神文明建设和企业文化建设；工会工作和共青团工作。机构规格为正处级，定编5人，其中处室领导职数2人、一般管理人员3人，在册员工7人。共有党员4人，党组织关系隶属机关第二党支部。毛福胜任党群工作处（企业文化处）处长，李建军任副处长。

2015年2月，上海销售分公司决定：免去李建军的党群工作处（企业文化处）副处长职务。

---

① 2016年7月，杨永刚调任华东化工销售分公司纪委书记。

2015 年 8 月，上海销售分公司党委决定：潘雁任党群工作处（企业文化处）副处长。

2018 年 6 月，上海销售分公司决定：党群工作处（企业文化处）加挂党委宣传部牌子；撤销其附属机构（宣传中心），人员和职能并入党群工作处（企业文化处、党委宣传部）。

2018 年 9 月，上海销售分公司党委决定：潘雁任党群工作处（企业文化处、党委宣传部）处长；免去毛福胜的党群工作处（企业文化处）处长职务。

截至 2018 年 12 月 31 日，在册员工 8 人。共有党员 6 人，党组织关系隶属机关第二党支部。潘雁任党群工作处（企业文化处、党委宣传部）处长。

一、党群工作处（企业文化处）领导名录（2014.1—2018.6）

处　　　长　毛福胜（2014.1—2018.6）

副 处 长　李建军（2014.1—2015.2）

潘　雁（女，2015.8—2018.6）

二、党群工作处（企业文化处、党委宣传部）领导名录（2018.6—12）

处　　　长　毛福胜（2018.6—9）

潘　雁（2018.9—12）

副 处 长　潘　雁（2018.6—9）

第十四节　直属机关党委—直属机关党工委
（2014.1—2018.12）

截至 2014 年 1 月 1 日，上海销售分公司直属机关党委由 5 人组成，仝宣任书记。

2016 年 11 月，上海销售分公司党委决定：将中共上海销售分公司直属机关委员会改为中共上海销售分公司直属机关工作委员会，作为中共上海销售分公司委员会派出机构，委员会由刘涛、杨杰、宋根建、张文轩、郭小明、黄万宏等 6 人组成（暂缺 1 人），杨杰任书记、宋根建任副书记。

2017 年 8 月，上海销售分公司党委决定：刘仲凯任直属机关党工委委员、副书记，免去宋根建的直属机关党工委副书记、委员职务。

2018 年 9 月，上海销售分公司党委决定：马振东、李海生、黄剑宇、张靖远等 4 人任直属机关党工委委员，免去张文轩、黄万宏等 2 人的直属机关党工委委员职务。

截至 2018 年 12 月 31 日，上海销售分公司直属机关党工委由 7 人组成，杨杰任书记，刘仲凯任副书记。

一、直属机关党委领导名录（2014.1—2016.11）

　书　　记　仝　宣（2014.1—2016.11）

二、直属机关党工委领导名录（2016.11—2018.12）

　书　　记　杨　杰（2016.11—2018.12）

　副　书　记　宋根建（2016.11—2017.8）

　　　　　　　刘仲凯（2017.8—2018.12）

三、所属机关党支部

截至 2014 年 1 月 1 日，直属机关党委下辖机关党支部共 6 个，分别为机关第一党支部、机关第二党支部、机关第三党支部、机关第四党支部、机关第五党支部、机关第六党支部。机关第一党支部委员会由 5 人组成，杨永刚任书记。机关第二党支部委员会由 5 人组成，毛福胜任书记。机关第三党支部委员会由 5 人组成，朱虹任书记。机关第四党支部委员会由 5 人组成，张文轩任书记。机关第五党支部委员会由 5 人组成，宋根建任书记。机关第六党支部委员会由 5 人组成，李卓任书记。

2015 年 10 月，各机关党支部分别召开党员大会，会议选举产生新一届党支部委员会。新一届机关第一党支部委员会由付志明、曲亮、杨永刚、李卓、黄万宏等 5 人组成，杨永刚为书记，黄万宏为副书记。新一届机关第二党支部委员会由毛福胜、任晓翔、张文轩、李欣颖、潘雁等 5 人组成，张文轩为书记，毛福胜为副书记。新一届机关第三党支部委员会由丁晗、王玫、刘涛、郑雪峰、黄剑宇等 5 人组成，刘涛为书记，王玫为副书记。新一届机关第四党支部委员会由刘仲凯、刘莉、宋君义、杨杰、李海生等 5

人组成，杨杰为书记，李海生为副书记。新一届机关第五党支部委员会由卢萍、宋根建、陆国胜、袁玉丹、聂春等5人组成，宋根建为书记，袁玉丹为副书记。新一届机关第六党支部委员会由杨志才、张靖远、郭小明、袁全、夏飒飒等5人组成，郭小明为书记，袁全为副书记。

2017年6月，直属机关党工委决定：胡进军任机关第四党支部委员、书记，闫紫峰任机关第五党支部委员、书记。

2017年9月，直属机关党工委决定：马振东任机关第二党支部委员、书记，侯晋任机关第二党支部委员。

2018年1月，直属机关党工委决定：黄万宏任机关第一党支部书记，刘斌、喻莹、蒋红权等3人任机关第一党支部委员。

2018年8月，直属机关党工委决定：张靖远任机关第一党支部委员、书记，潘雁任机关第二党支部副书记，李海生任机关第四党支部书记，邓生长任机关第四党支部委员、副书记，黄剑宇任机关第五党支部委员、书记，杨志才任机关第六党支部副书记，免去黄万宏的机关第一党支部书记、委员职务。

2018年11月，各机关党支部分别召开党员大会，会议选举产生新一届党支部委员会。新一届机关第一党支部委员会由刘斌、李雪波、张靖远、蒋红权、喻莹等5人组成，张靖远为书记，刘斌为副书记。新一届机关第二党支部委员会由马振东、李新颖、邹春艳、侯晋、潘雁等5人组成，马振东为书记，潘雁为副书记。新一届机关第三党支部委员会由丁晗、白宇、刘涛、郑雪峰、柏菁等5人组成，刘涛为书记，丁晗为副书记。新一届机关第四党支部委员会由邓生长、代永强、刘莉、李海生、梁历辉等5人组成，李海生为书记，邓生长为副书记。新一届机关第五党支部委员会由卢萍、李文斌、杜振禹、袁玉丹、黄剑宇等5人组成，黄剑宇为书记，袁玉丹为副书记。新一届机关第六党支部委员会由孙永会、任晓翔、杨志才、郭小明、夏飒飒等5人组成，郭小明为书记，杨志才为副书记。

截至2018年12月31日，直属机关党工委下辖机关党支部共6个，分别为机关第一党支部、机关第二党支部、机关第三党支部、机关第四党支部、机关第五党支部、机关第六党支部。机关第一党支部委员会由5人组成，张靖远任书记，刘斌任副书记。机关第二党支部委员会由5人组成，马振东任书记，潘雁任副书记。机关第三党支部委员会由 5 人组成，刘涛任书记，丁晗任副书记。机关第四党支部委员会由 5 人组成，李海生任书记，邓生长任副书记。机关第五党支部委员会由 5 人组成，黄剑宇任书记，袁玉丹任副书记。机关第六党支部委员会由 5 人组成，郭小明任书记，杨志才任副书记。

（一）机关第一党支部领导名录（2014.1—2018.12）

  书 记 杨永刚（2014.1—2016.7）

       黄万宏（2018.1—8）

       张靖远（2018.8—12）

  副 书 记 黄万宏（2015.10—2018.1）

       刘 斌（2018.11—12）

（二）机关第二党支部领导名录（2014.1—2018.12）

  书 记 毛福胜（2014.1—2015.10）

       张文轩（2015.10—2017.9）

       马振东（2017.9—2018.12）

  副 书 记 毛福胜（2015.10—2018.8）

       潘 雁（女，2018.8—12）

（三）机关第三党支部领导名录（2014.1—2018.12）

  书 记 朱 虹（女，2014.1—2015.2）

       刘 涛（2015.10—2018.12）

  副 书 记 王 玫（女，2015.10—2018.11）

       丁 晗（2018.11—12）

（四）机关第四党支部领导名录（2014.1—2018.12）

  书 记 张文轩（2014.1—2015.10）

       杨 杰（2015.10—2017.6）

       胡进军（2017.6—2018.2）

       李海生（2018.8—12）

  副 书 记 李海生（2015.10—2018.8）

       邓生长（2018.8—12）

（五）机关第五党支部领导名录（2014.1—2018.12）

书　　　记　宋根建（2014.1—2018.8）

　　　　　　闫紫峰（2017.6—2018.11）

　　　　　　黄剑宇（2018.8—12）

副　书　记　袁玉丹（2015.10—2018.12）

（六）机关第六党支部领导名录（2014.1—2018.12）

书　　　记　李　卓（女，满族，2014.1—2015.10）

　　　　　　郭小明（2015.10—2018.12）

副　书　记　袁　全（2015.10—2018.4）

　　　　　　杨志才（2018.8—12）

第十五节　机关工会委员会（2014.1—2018.12）

截至 2014 年 1 月 1 日，上海销售分公司机关工会由 6 人组成，仝宣任机关工会主席。

2015 年 12 月，上海销售分公司机关工会召开工会会员代表大会，46 名会议代表参加会议，会议选举产生新一届工会委员会。新一届工会委员会由仝宣、王玫、刘斌、宋君义、李文斌等 5 人组成，仝宣为机关工会主席，王玫为机关工会副主席。

截至 2018 年 12 月 31 日，机关工会委员会由 5 人组成，仝宣任机关工会主席，王玫任机关工会副主席。

主　　　席　仝　宣（2014.1—2018.12）

副　主　席　王　玫（2015.12—2018.12）

第十六节　上海销售分公司团委（2014.1—2018.12）

截至 2014 年 1 月 1 日，上海销售分公司团委由 8 人组成，毛福胜任团委书记，狄蓓任团委副书记。

2016 年 5 月，共青团上海销售分公司第三次代表大会在上海召开，68 名团员代表参加会议。会议选举产生共青团上海销售分公司第三届委员会。共青团上海销售分公司委员会由丁凤、王丹、王勇帅、田一鸣、孙海、刘靖坤、狄蓓、陈昭阳、顾美群、曹云鹏、潘雁等 11 人组成，潘雁为团委书记，狄蓓为团委副书记。

截至 2018 年 12 月 31 日，上海销售分公司团委由 10 人组成，潘雁任团委书记，狄蓓任团委副书记。

书　　记　毛福胜（党群工作处（企业文化处）处长，2014.1—2016.5）

潘　雁（女，2016.5—2018.12）

副 书 记　狄　蓓（女，2014.1—2018.12）

第三章　机关附属机构

截至 2014 年 1 月 1 日，上海销售分公司机关附属机构共 10 个，分别为财务结算中心、职业技能鉴定站、成品油检验中心、车队、市场研究与发展中心、仓储分公司、加油卡销售管理中心、设备维修中心、信息系统运维中心、宣传中心。

2018 年 6 月，上海销售分公司决定：保留财务结算中心、职业技能鉴定站、成品油检验中心 3 个附属机构牌子和正科级规格，人员和业务分别并入财务处、人事处（党委组织部）、质量安全环保处。撤销未经集团公司批复的车队、市场研究与发展中心、仓储分公司、加油卡销售管理中心、设备维修中心、信息系统运维中心、宣传中心 7 个机关附属机构，人员和职能分别并入总经理办公室（党委办公室）、营销处、仓储调运处、加油站管理处、信息化管理处、党群工作处（企业文化处、党委宣传部）。

截至 2018 年 12 月 31 日，上海销售分公司机关附属机构共 3 个，分别为财务结算中心、职业技能鉴定站、成品油检验中心。

第一节　财务结算中心（2014.1—2018.12）

2002 年 7 月，财务结算中心成立，为财务处附属机构。主要职责：在财务处的领导下，负责公司油品购进结算，水路销售和对股权单位、系统内单位以及集团型大客户的销售结算，以及库存油品移库和损耗处理的财务核算工作；负责中央仓商品和润滑油等非油品的购进结算、销售结算，以及非油品内部调拨和损耗处理的财务核算工作；负责本部现金和银行存款收支管理，公司范围内银行账户管理，以及各营销中心和全资加油站对外款项的支付工作；负责本部增值税专用发票和普通发票、服务业发票、收据等票据的开具和保管工作等。

第二节　职业技能鉴定站（2014.1—2018.12）

2008年9月，职业技能鉴定站成立，为人事处（党委组织部）附属机构。主要职责：在人事处（党委组织部）的领导下，负责公司职业技能竞赛的策划和组织，职业技能竞赛选手的选拔和推荐；负责按《职业技能鉴定机构质量管理体系标准》和质量方针要求，建立、实施、保持并持续改进质量管理体系；负责职业技能鉴定的组织、考试命题、鉴定费的收缴和使用；负责职业技能鉴定信息资料的收集、汇总和上报；负责职业技能鉴定站管理人员、考评员、质量督导员和内审员队伍建设，组织对相关人员的业务指导工作；负责职业技能鉴定质量管理体系有关事宜的对外沟通和联络。

站　　　长　刘仲凯（2014.1—2017.8）[①]

第三节　成品油检验中心（2014.1—2018.12）

2003年5月，成品油检验中心成立，为质量安全环保处附属机构。主要职责：在质量安全环保处的领导下，负责检验中心国家实验室认可和计量认证管理体系的建立和实施；负责公司所辖区域内油品（包括进口油品、外采油品、串换油品等）质量的检验与确认；负责公司油库、加油站及运输车辆的油品质量监督抽查和检验工作；负责对公司油品质量和检验人员进行技术指导和技能培训等。

主　　　任　李新颖（2014.1—2018.12）

[①]　2017年8月至2018年12月期间，职业技能鉴定站站长空缺，由邓生长分管，无发文。

第四节　车队（2014.1—2018.6）

2011 年 4 月，车队成立，为总经理办公室（党委办公室）附属机构。主要职责：在总经理办公室（党委办公室）的领导下，负责按照公司《车辆管理办法》，做好车辆的调度、使用、保养和管理，保证公司公务、日常工作以及接待等方面的用车；负责公司车辆的日常维修保养，保持车容整洁，保证车况良好；按照市交警部门的要求，按期做好车辆年检年审工作，确保行车安全；负责做好车辆用油计划，采取有效措施降低油耗；负责按照上级有关规定和公司车辆的实际情况，提出淘汰、更新车辆的建议；负责加强驾驶员的思想政治工作和业务培训，对驾驶员进行职业道德、安全行车和优质服务教育；负责对驾驶员进行安全教育和技术指导，严格执行公安交警部门的有关规定，消除事故隐患，发生交通事故时，协助交警部门对事故进行处理；负责公司车辆保险、理赔等工作。

2018 年 6 月，上海销售分公司决定：撤销车队，人员和职能并入总经理办公室（党委办公室）。

第五节　市场研究与发展中心（2014.1—2018.6）

2013 年 3 月，市场研究与发展中心成立，为营销处附属机构。主要职责：在营销处的领导下，负责研究国际、国内宏观经济走势，分析宏观经济变化对成品油市场的影响；负责研究国际原油和成品油市场走势，分析国际油价中长期趋势，为公司营销决策以及进口提供支持；完成销售公司情报系统数据采集和分析工作，依托情报系统平台建立公司成品油市场监测和研究体系；重点研究华东、华南区域市场成品油市场需求、资源供应、库存变化以及主营单位竞争策略等；负责每日发送市场动态手机短信，每周编制成品油市场动态周报，每月编制成品油市场分析月报；负责营销决策的参谋工作，为公司科学营销和决策提供支持；负责完成经营活动分析、对标分析等工作。

2018年6月，上海销售分公司决定：撤销市场与研究发展中心，人员和职能并入营销处。

第六节　仓储分公司（2014.1—2018.6）

2009年3月，油品配送中心成立，2013年8月，更名为仓储分公司，为仓储调运处附属机构。主要职责：在仓储调运处的领导下，负责公司油品出入库计划的执行；负责全公司自有销售网络的油品配送方案的制定和实施；负责对自提客户提油计划的制定和监督；对公路水路配送量、计划完成率、库存情况和码头动态等数据进行分析汇总；对全资化油库的油品收发情况进行动态监控和专业指导，对非全资化油库数量进行动态监控。

2018年6月，上海销售分公司决定：撤销仓储分公司，人员和职能并入仓储调运处。

第七节　加油卡销售管理中心（2014.1—2018.6）

2009年5月，加油卡业务管理中心成立，2011年4月，更名为加油卡销售管理中心，为加油站管理处附属机构。主要职责：在加油站管理处的指导下，负责拟订各类加油卡运行、营销策略和发展规划；负责建立、更新相关管理制度、岗位操作流程，并上报相关处室；负责加油卡卡片及系统的运行维护工作；负责加油卡的发行、销售及消费管理工作，包括根据财务收款单进行油卡充值、积分、开票、礼品兑换工作；负责油卡销售纪律的监督管理，协助做油卡资金管理；负责大客户拜访、重大客户投诉工作；负责客户管理、售后服务及加油卡推广宣传等各项政策的宣传和落实；负责加油卡销售信息分析，协助资金清算管理，确保销售资金及客户预存资金安全。

2018年6月，上海销售分公司决定：撤销加油卡销售管理中心，人员和职能并入加油站管理处。

第八节 设备维修中心（2014.1—2018.6）

2009 年 3 月，加油站运行维修中心成立。2011 年 4 月，更名为设备维修中心，为加油站管理处附属机构。主要职责：在加油站管理处的领导下，负责对加油站上报的预算内经营设施和设备的维修和保养；负责培训、指导加油站操作人员正确使用和维护站内设施设备；负责市区内加油站设备、设施的日常维护；严格按照国家规范、公司 HSE 标准进行正常的维修和保养；负责对临时报修的设备故障进行处理，保证加油站正常运营；负责建立公司加油站维修档案和维修数据库，定期对加油站进行检查，保证维修质量。

2018 年 6 月，上海销售分公司决定：撤销设备维修中心，人员和职能并入加油站管理处。

第九节 信息系统运维中心（2014.1—2018.6）

2010 年 9 月，信息系统运维中心成立，与信息化管理处为一套人员、两个牌子。2011 年 4 月，作为信息化管理处附属机构单独成立。主要职责：在信息化管理处的领导下，负责公司信息化建设和项目实施工作；负责公司机关、营销中心、油库、加油站业务应用系统的业务运行管理、技术维护支持；负责公司网络安全、系统终端设备、办公室计算机等信息化建设投入的设备运行维护；负责新建加油站的信息化建设及上线部署工作；负责统一调度运维资源，合理安排业务应用支持和现场技术维护，随时响应故障报修和事件处理；负责加油站及油库设备巡检报修及跟踪，协调厂商服务；负责提供每天 16 小时热线服务支持，接收、记录和处理用户提出的服务请求，将一级运维处理范围外的服务请求向二级运维提报，跟踪进展并确认完成情况；负责执行统一事件管理、问题管理、变更管理、发布管理等运维管理流程，负责运维知识库的使用和更新等。

2018年6月，上海销售分公司决定：撤销信息系统运维中心，人员和职能并入信息化管理处。

第十节 宣传中心（2014.1—2018.6）

2010年10月，宣传中心成立，为党群工作处（企业文化处）附属机构。主要职责：在党群工作处（企业文化处）的领导下，坚持正确的舆论导向，把握宣传工作方向，确保上级宣传路线、方针、政策在公司的贯彻落实，并负责公司宣传政策、管理规章的制定与执行；根据公司整体部署和工作要求，围绕公司发展战略、经营管理、工作目标、企业形象、党的建设、员工面貌、安全环保、文化建设等重点工作和重大事件进行宣传报道；负责公司门户网站宣传功能运用和宣传信息维护，负责公司报纸、杂志版面设计、采编、组稿、编辑、出版、发行等工作。

2018年6月，上海销售分公司决定：撤销宣传中心，人员和职能并入党群工作处（企业文化处、党委宣传部）。

第四章 所属二级单位

截至 2014 年 1 月 1 日，上海销售分公司所属二级单位共 7 个，其中全资分公司 6 个、直属专业公司 1 个，分别为浦东分公司、浦西分公司、奉金分公司、松青分公司、宝嘉分公司、崇明分公司、燃料油销售中心。

2015 年 6 月，上海销售分公司决定：撤销燃料油销售中心，相关业务及职责并入营销处。

2018 年 6 月，上海销售分公司决定：为适应公司内外部环境的变化，提高管理效率，结合用工总量控制目标和两级机关运行实际，对两级机关的机构编制进行调整。撤销非油品业务处，成立非油销售公司，机构规格为正处级，按直属专业公司管理。上海销售分公司下设 6 个全资分公司，包括浦东分公司（正处级）、浦西分公司（正处级）、奉金分公司（副处级）、宝嘉分公司（副处级）、松青分公司（副处级）、崇明分公司（副处级）。全资分公司机关设 3 部 1 室（正科级），包括业务运作部、质量安全工程部、财务部、综合办公室。

2018 年 9 月，股份公司审核同意：以非油品业务处为基础设立非油品销售分公司，列为二级单位管理。

截至 2018 年 12 月 31 日，上海销售分公司所属二级单位共 7 个，其中全资分公司 6 个、直属专业公司 1 个，分别为浦东分公司、浦西分公司、奉金分公司、松青分公司、宝嘉分公司、崇明分公司、非油品销售分公司。

第一节 浦东分公司（2014.1—2018.12）

2009 年 1 月，浦东管理中心（正科级）成立。同年 10 月，机构规格调整为副处级。2010 年 1 月，更名为浦东营销中心，合并管辖原南汇行政区域内奉贤金山营销中心所管加油站。2013 年 8 月，更名为浦东分公司。主要负责浦东地区成品油批发销售业务和零售网络开发工作，宗旨是代表中国石油进一步开发浦东地区成品油销售市场，扩大市场份额，确保浦东地区中国石油资产的高效运作和零售网络的发展完善，保障浦东地区国民经济建设所需成品油的供给。分公司机关定编 32 人，其中领导班子 5 人。机关办公地点在上海市浦东新区世纪大道 1200 号 24 楼 2416 室。

截至 2014 年 1 月 1 日，浦东分公司行政领导班子由 2 人组成，郭小明任经理；党支部委员会由 2 人组成，马振东任党支部书记。浦东分公司机关设人力资源部、综合办公室、质量安全环保部、加油站管理部、财务部。

2014 年 3 月，上海销售分公司决定：林少斌任浦东分公司副经理，孙振中任浦东分公司副经理。

2014 年 3 月，浦东分公司领导班子成员分工调整如下。郭小明主持全面工作，负责发展规划、人事工作，分管人力资源部、综合办公室。马振东主持党群工作，负责企业宣传、思想政治工作、党的建设、企业文化建设、安全环保工作及投资开发工作，分管质量安全环保部、投资开发部。林少斌负责加油站管理工作，分管加油站管理部。孙振中负责财务及内控管理工作，分管财务部。

2014 年 4 月，上海销售分公司决定：庞爱宁任浦东分公司副经理。

2014 年，全年油品总销量 40.91 万吨（其中零售纯枪 31.15 万吨，批发直销 9.76 万吨），油品利润 7878.37 万元，非油收入 3156.5 万元，非油利润 422.15 万元，利润总额 8300.52 万元，发卡 6.33 万张。

2015 年 2 月，上海销售分公司决定：马振东任浦东分公司经理，胡进军任浦东分公司副经理；免去郭小明的浦东分公司经理职务。上海销售分公司党委决定：胡进军任浦东分公司党支部书记，马振东任浦东分公司党支部副书记；免去马振东的浦东分公司党支部书记职务。

2015 年 3 月，浦东分公司领导班子成员分工调整如下。马振东主持全面工作，负责发展规划、人事、成品油批发、投资开发、基建工程等工作，分管人力资源部、综合办公室、营销部、投资开发部。胡进军主持党支部、纪委（监察）全面工作，负责思想政治工作、党的建设、企业文化建设、股权管理、维稳工作及安全环保与 HSE 体系建设工作，主持工会工作，分管组织部、工会、质量安全环保部、投资开发部。林少斌负责成品油零售、油卡管理、非油销售、设备维修、巴士项目等工作，分管加油站管理部。孙振中负责财务、内控工作，主持每周经营工作例会，协助马振东分管办公室工作，分管财务部。庞爱宁负责加油站创新达标体系建设，团委工作，协助胡进军分管企业宣传、新闻工作，分管团委。

2015年11月，上海销售分公司党委批复同意：中共浦东分公司支部委员会由马振东、孙振中、林少斌、庞爱宁、胡进军等5人组成，胡进军为支部书记、马振东为支部副书记。

2015年，全年油品总销量41.68万吨（其中零售纯枪32.13万吨，批发直销9.55万吨），油品利润9492万元，非油收入4569.77万元，非油利润534万元，利润总额10026万元，发卡5.49万张。

2016年4月，浦东分公司领导班子成员分工调整如下。马振东主持全面工作，负责发展规划、成品油批发、投资开发等工作，分管综合办公室、营销部、投资开发部（投资开发部分）。胡进军主持党支部、纪委（监察）全面工作，负责思想政治工作、党的建设、企业文化建设、股权管理、维稳工作、人事管理及安全环保与HSE体系建设工作，主持工会工作，分管人力资源部、工会、质量安全管理部、投资开发部（股权管理部分）。林少斌负责成品油零售、油卡管理、非油销售、设备维修、基建工程、巴士项目等工作，分管加油站管理部、投资开发部（工程建设部分）。孙振中负责财务、内控工作，主持每周经营工作例会，协助马振东分管办公室工作，分管财务部。庞爱宁负责加油站创新达标体系建设、加油站日常巡检、加油站服务监督检查、庞爱宁工作室、万吨站集群建设及团委工作，协助胡进军分管企业宣传、新闻工作，分管团委。

2016年11月，上海销售分公司党委批复同意：成立中共浦东分公司临时委员会，分公司临时党委由胡进军、马振东、林少斌、孙振中、庞爱宁等5人组成，胡进军为临时党委书记、马振东为临时党委副书记，纪检委员由胡进军兼任。

2016年12月，上海销售分公司党委批复同意：中共浦东分公司临时委员会下设机关、振兴、凌桥、南汇等4个党支部。

2016年12月，上海销售分公司党委批复同意：中共浦东分公司机关支部委员会由邓生长、丁凤、喻莹等3人组成，邓生长为支部书记。中共浦东分公司振兴支部委员会由刘国超、杨权涌、盛燕燕等3人组成，刘国超为支部书记。中共浦东分公司凌桥支部不设委员会，周芳丽为支部书记。中共浦东分公司南汇支部不设委员会，严剑英为支部书记。

2016 年，全年油品总销量 43.85 万吨（其中零售纯枪 34.11 万吨，批发直销 9.74 万吨），油品利润 10790.68 万元，非油收入 6290.06 万元，非油利润 839.32 万元，利润总额 11630 万元，发卡 4.26 万张。

2017 年 4 月，上海销售分公司党委批复同意：成立中共浦东分公司委员会，分公司党委由马振东、孙振中、林少斌、庞爱宁、胡进军等 5 人组成，胡进军为党委书记、马振东为党委副书记。

2017 年 4 月，上海销售分公司决定：免去林少斌的浦东分公司副经理，调崇明分公司工作；免去胡进军的浦东分公司副经理职务，调人事处（党委组织部）工作。上海销售分公司党委决定：免去林少斌的浦东分公司党委委员职务；免去胡进军的浦东分公司党委书记、委员职务。

2017 年 4 月，浦东分公司决定：人力资源部并入综合办公室，投资开发部与质量安全环保部合并为质量安全部，营销部更名为客户服务部。

2017 年 5 月，根据销售公司关于 2017 年度销售企业干部对口挂职工作的要求，上海销售分公司决定：尚宝春任浦东分公司副经理（聘期 8 个月：2017 年 5 月 2 日至 2017 年 12 月 31 日）。

2017 年 6 月，上海销售分公司决定：王宏杰任浦东分公司经理，孟沛泉任浦东分公司副经理；免去马振东的浦东分公司经理职务，调质量安全环保处工作。上海销售分公司党委决定：孟沛泉任浦东分公司党委委员、书记，王宏杰任浦东分公司党委委员、副书记；免去马振东的浦东分公司党委副书记、委员职务。

2017 年 8 月，上海销售分公司决定：刘宏伟任浦东分公司副经理。上海销售分公司党委决定：刘宏伟任浦东分公司党委委员。

2017 年 9 月，浦东分公司领导班子成员分工调整如下。王宏杰主持行政全面工作，负责发展战略规划、投资计划工作，分管投资开发部。孟沛泉主持党委全面工作，负责思想政治、党的建设、纪检监察、工会、团委、安全环保与 HSE 体系建设、质量及标准化、新闻、治安信访、维稳及内保工作，分管综合办公室。孙振中负责财务管理、股权管理、制度建设、组织干部、人事劳资、审计、内控，物资集中采购管理、固定资产实物管理工作，分管财务部。刘宏伟负责油品营销、非油品经营管理、加油站管理、计量管理、工程建设、信息化建设、巴士项目工作，分管加油站管理部、营销部。尚宝春协助分管安全环保与HSE体系建设工作、计量管理、治安信访、维稳及内保工作。

2017年，全年油品总销量41.26万吨（其中零售纯枪33.2万吨，批发直销8.06万吨），油品利润14109万元，非油收入8462.96万元，非油利润1072万元，利润总额15181万元，发卡5.38万张。

2018年1月，浦东分公司对部分领导班子成员分工调整如下。孙振中负责财务管理、股权管理、制度建设、组织干部、人事劳资、审计、内控，物资集中采购管理、固定资产实物管理工作、信息化建设，分管财务部。刘宏伟负责油品营销、非油品经营管理、加油站管理、计量管理、巴士项目工作，分管加油站管理部、营销部。庞爱宁负责工程建设，协助分管安全环保与HSE体系建设工作。

2018年6月，浦东分公司决定：质量安全部更名为质量安全工程部，客户服务部与加油站管理部合并为业务运作部。

2018年7月，上海销售分公司决定：李珩洲任浦东分公司总会计师。上海销售分公司党委决定：李珩洲任浦东分公司党委委员。

2018年7月，上海销售分公司决定：浦东分公司机构规格为正处级；王宏杰任浦东分公司经理，孟沛泉任浦东分公司副经理，庞爱宁任浦东分公司副经理，刘宏伟任浦东分公司副经理，李珩洲任浦东分公司总会计师。上海销售分公司党委决定：孟沛泉任浦东分公司党委委员、书记，王宏杰任浦东分公司党委委员、副书记，庞爱宁任浦东分公司党委委员，刘宏伟任浦东分公司党委委员，李珩洲任浦东分公司党委委员。

2018年8月，浦东分公司领导班子成员分工调整如下。王宏杰主持行政全面工作，负责发展战略规划、投资计划工作。孟沛泉主持党委全面工作，负责思想政治、党的建设、纪检监察、工会、团委、新闻、治安信访、维稳及内保工作，分管综合办公室。庞爱宁负责工程建设、安全环保与HSE体系建设、质量及标准化工作，分管质量安全工程部。刘宏伟负责油品营销、非油品经营、加油站管理、计量管理、巴士项目工作，分管业务运作部。李珩洲负责财务管理、股权管理、制度建设、组织干部、人事劳资、审计、内控、物资集中采购管理、固定资产实物管理、信息化建设工作，分管财务部。

2018 年 11 月，上海销售分公司决定：免去孟沛泉的浦东分公司副经理职务。上海销售分公司党委决定：免去孟沛泉的浦东分公司党委书记、委员职务。

2018 年 11 月，浦东分公司领导班子成员分工调整如下。王宏杰主持党委及行政全面工作，负责发展战略规划、投资计划工作，负责思想政治、党的建设、纪检监察、工会、团委、新闻工作，分管综合办公室。庞爱宁负责工程建设、安全环保与 HSE 体系建设、质量及标准化、治安信访、维稳及内保工作，分管质量安全工程部。刘宏伟负责油品营销、非油品经营、加油站管理、计量管理、信息化建设、巴士项目工作，分管业务运作部。李珩洲负责财务管理、股权管理、制度建设、组织干部、人事劳资、审计、内控、物资集中采购管理、固定资产实物管理，分管财务部。

2018 年，全年油品总销量 38.90 万吨（其中零售纯枪 31.39 万吨，批发直销 7.51 万吨），油品利润 15850.95 万元，非油收入 10376.65 万元，非油利润 1193.05 万元，利润总额 17044 万元，发卡 6.28 万张。

截至 2018 年 12 月 31 日，浦东分公司设 4 部 1 室，包括综合办公室、质量安全部、客户服务部、加油站管理部、财务部。浦东分公司行政领导班子由 4 人组成，王宏杰任经理；党委由 4 人组成，党委书记空缺，党委副书记王宏杰主持工作。2014 年至 2018 年，油品总销量 206.60 万吨（其中零售纯枪 161.98 万吨，批发直销 44.62 万吨），油品利润 58121 万元，非油收入 32855.94 万元，非油利润 4060.52 万元，利润总额 62181.52 万元，发卡 27.74 万张。

一、浦东分公司行政领导名录（2014.1—2018.12）

经　　　理　郭小明（2014.1—2015.2）

马振东（2015.2—2017.6）

王宏杰（2017.6—2018.12）

副 经 理　马振东（2014.1—2015.2）

林少斌（2014.3—2017.4）

孙振中（2014.3—2018.4）

　　　　　　庞爱宁（女，2014.4—2018.12）

　　　　　　胡进军（2015.2—2017.4）

　　　　　　尚宝春（挂职，2017.5—12）

　　　　　　孟沛泉（2017.6—2018.11）[①]

　　　　　　刘宏伟（2017.8—2018.12）

　　总 会 计 师　李珩洲（2018.7—12）

二、浦东分公司党组织

（一）浦东分公司党支部领导名录（2014.1—2016.11）

　　书　　　记　马振东（2014.1—2015.2）

　　　　　　胡进军（2015.2—2016.11）

　　副 书 记　马振东（2015.2—2016.11）

（二）浦东分公司临时党委领导名录（2016.11—2017.4）

　　书　　　记　胡进军（2016.11—2017.4）

　　副 书 记　马振东（2016.11—2017.4）

　　委　　　员　胡进军（2016.11—2017.4）

　　　　　　马振东（2016.11—2017.4）

　　　　　　林少斌（2016.11—2017.4）

　　　　　　孙振中（2016.11—2017.4）

　　　　　　庞爱宁（2016.11—2017.4）

（三）浦东分公司党委领导名录（2017.4—2018.12）

　　书　　　记　胡进军（2017.4）

　　　　　　孟沛泉（2017.6—2018.11）

　　副 书 记　马振东（2017.4—6）

　　　　　　王宏杰（2017.6—2018.12）

　　委　　　员　胡进军（2017.4）

　　　　　　马振东（2017.4—6）

　　　　　　林少斌（2017.4）

　　　　　　孙振中（2017.4—2018.4）

---

① 2018 年 11 月，孟沛泉辞职。

庞爱宁（2017.4—2018.12）

孟沛泉（2017.6—2018.11）

王宏杰（2017.6—2018.12）

刘宏伟（2017.8—2018.12）

李珩洲（2018.7—12）

第二节 浦西分公司（2014.1—2018.12）

2009年1月，浦西（闵行）管理中心（正科级）成立。同年10月，机构规格调整为副处级，2010年1月，更名为浦西营销中心。2013年8月，更名为浦西分公司。主要负责杨浦、静安、虹口、普陀、长宁、徐汇、闵行地区成品油批发销售业务和零售网络开发工作，宗旨是代表中国石油进一步开发浦西地区成品油销售市场，扩大市场份额，确保浦西地区中国石油资产的高效运作和零售网络的发展完善，保障浦西地区国民经济建设所需成品油的供给。分公司机关定编26人，其中领导班子4人。机关办公地点在上海市徐汇区桂平路391号B座2502室。

截至2014年1月1日，浦西分公司行政领导班子由3人组成，孟沛泉任经理；党支部委员会由3人组成，李成任党支部书记。浦西分公司机关设综合办公室、质量安全工程部、投资开发部、营销部、加油站管理部、财务部。

2014年3月，上海销售分公司决定：胥卫东任浦西分公司副经理。

2014年3月，浦西分公司领导班子成员分工调整如下。孟沛泉主持全面工作，分管投资、人事等工作。李成分管党群、工会、党风廉政、内保、纪检、企业文化建设、宣传及生产经营安全等工作。陈强分管财务、内控、股权管理和非油品业务工作。胥卫东分管营销工作，负责成品油批发、零售、价格与计划配置等工作，主持月度经营分析会和周办公例会。

2014年，全年油品总销量22.59万吨（其中零售纯枪5.78万吨，批发直销16.81万吨），油品利润5051.27万元，非油收入2587.75万元，非油利润377.63万元，利润总额5428.9万元，发卡4.76万张。

　　2015 年 9 月，根据销售公司《关于启动 2015—2016 年度西藏与内地销售企业干部对口挂职锻炼工作的通知》要求，上海销售分公司决定：在对口挂职锻炼期间，聘任拉巴次仁为浦西分公司副经理，聘期 1 年。

　　2015 年 10 月，浦西分公司对个别领导班子成员分工调整如下：副经理拉巴次仁在挂职期间分管加油站现场服务管理及非油品现场管理工作。

　　2015 年 10 月，上海销售分公司党委批复同意：中共浦西分公司支部委员由陈强、李成、孟沛泉、王文敏、胥卫东等 5 人组成，李成为支部书记，孟沛泉为支部副书记。

　　2015 年，全年油品总销量 25.65 万吨（其中零售纯枪 7.67 万吨，批发直销 17.98 万吨），油品利润 6696.25 万元，非油收入 3763.36 万元，非油利润 465.4 万元，利润总额 7161.65 万元，发卡 5.81 万张。

　　2016 年 11 月，上海销售分公司党委批复同意：成立中共浦西分公司临时委员会，分公司临时党委由李成、孟沛泉、陈强、胥卫东等 4 人组成，李成为临时党委书记，孟沛泉为临时党委副书记，纪检委员由李成兼任。

　　2016 年 12 月，上海销售分公司党委批复同意：中共浦西分公司临时委员会下设机关、浦西北区、浦西西区等 3 个党支部。

　　2016 年 12 月，上海销售分公司党委批复同意：中共浦西分公司机关支部委员会由王刚、王树国、孔德辰等 3 人组成，王刚为支部书记。中共浦西分公司浦西北区支部委员会由张猛、兰玠锋、胡月等 3 人组成，张猛为支部书记。中共浦西分公司浦西南区支部委员会由王喜庆、顾志军、洪赫等 3 人组成，王喜庆为支部书记。

　　2016 年，全年油品总销量 23.86 万吨（其中零售纯枪 7.05 万吨，批发直销 16.81 万吨），油品利润 4323.15 万元，非油收入 5177.13 万元，非油利润 704.56 万元，利润总额 5027.71 万元，发卡 2.78 万张。

　　2017 年 4 月，上海销售分公司党委批复同意：成立中共浦西分公司委员会，分公司党委由李成、陈强、孟沛泉、胥卫东等 4 人组成，李成为党委书记，孟沛泉为党委副书记。

　　2017 年 4 月，上海销售分公司决定：免去胥卫东的浦西分公司副经理职务，调奉金分公司工作。上海销售分公司党委决定：免去胥卫东的浦西分公司党委委员职务。

2017 年 6 月，上海销售分公司决定：曲亮任浦西分公司经理；免去孟沛泉的浦西分公司经理职务，调浦东分公司工作。上海销售分公司党委决定：曲亮任浦西分公司党委委员、副书记；免去孟沛泉的浦西分公司党委副书记、委员职务。

2017 年 8 月，上海销售分公司决定：张惊宇任浦西分公司副经理。上海销售分公司党委决定：张惊宇任浦西分公司党委委员。

2017 年 9 月，浦西分公司领导班子成员分工调整如下。曲亮主持全面工作，分管行政、人事、投资建设开发等工作。李成主持党委、党群工作，分管安全环保与 HSE 体系建设、质量及标准化等安全工作。陈强分管财务、内控、股权管理、固定资产实物管理等工作。张惊宇分管成品油批发、价格计划配置、油品零售、非油品销售、加油站管理、计量管理等工作。

2017 年，全年油品总销量 23 万吨（其中零售纯枪 6.36 万吨，批发直销 16.64 万吨），油品利润 4972.67 万元，非油收入 6230.7 万元，非油利润 804.91 万元，利润总额 5777.58 万元，发卡 4.29 万张。

2018 年 4 月，上海销售分公司决定：宋君义任浦西分公司副经理；免去李成的浦西分公司副经理职务。上海销售分公司党委决定：宋君义任浦西分公司党委委员、书记；免去李成的浦西分公司党委书记、委员职务，调党委巡察组工作。

2018 年 6 月，浦西分公司决定：投资开发部与质量安全环保部合并为质量安全工程部，营销部与加油站管理部合并为业务运作部。

2018 年 7 月，上海销售分公司决定：浦西分公司机构规格为正处级；曲亮任浦西分公司经理，宋君义任浦西分公司副经理，张惊宇任浦西分公司副经理，范国正任浦西分公司总会计师；免去陈强的浦西分公司总会计师职务。上海销售分公司党委决定：宋君义任浦西分公司党委委员、书记，曲亮任浦西分公司党委委员、副书记，张惊宇任浦西分公司党委委员，范国正任浦西分公司党委委员；免去陈强的浦西分公司党委委员职务。

2018 年 8 月，浦西分公司领导班子成员分工调整如下。曲亮主持全面工作，分管干部、机构、投资建设开发、安全环保与 HSE 体系建设、质量及标准化等安全工作，对接人事处、投资建设管理处、质量安全环保处。宋君义主持党委、党群、人事工作，分管人事、党建、纪检监察、企业文化建设、工会及共青团工作，新闻、治安信访、维稳及内保工作，对接总经理办公室、组织部、审计监察处、党群工作处。张惊宇分管成品油批发、价格计划配置、油品零售、非油品销售、加油站管理、计量管理等工作，对接加油站管理处、营销处、非油品业务处、仓储调运处。范国正分管财务、内控、企业管理、股权管理、固定资产实物管理、信息化管理等工作，对接财务处、信息化管理处、企业管理处。

2018年，浦西分公司设4部1室：综合办公室、质量安全部、客户服务部、加油站管理部、财务部。全年油品总销量25.34万吨（其中零售纯枪6.19万吨，批发直销19.15万吨），油品利润7209.97万元，非油收入7286.27万元，非油利润976.78万元，利润总额8186.75万元，发卡3.92万张。

截至2018年12月31日，浦西分公司行政领导班子由4人组成，曲亮任经理；党委由4人组成，宋君义任党委书记。2014年至2018年，油品总销量120.44万吨（其中零售纯枪33.05万吨，批发直销87.39万吨），油品利润28253.31万元，非油收入25045.23万元，非油利润3329.28万元，利润总额31582.59万元，发卡21.56万张。

一、浦西分公司行政领导名录（2014.1—2018.12）

　　经　　　　理　孟沛泉（2014.1—2017.6）

　　　　　　　　　曲　亮（2017.6—2018.12）

　　副　经　理　李　成（2014.1—2018.4）[1]

　　　　　　　　　胥卫东（2014.3—2017.4）

　　　　　　　　　拉巴次仁（挂职，2015.9—2016.9）

　　　　　　　　　张惊宇（2017.8—2018.12）

　　　　　　　　　宋君义（2018.4—12）

　　总 会 计 师　陈　强（2014.1—2018.7）[2]

　　　　　　　　　范国正（2018.7—12）

---

[1]　2018年4月，李成任上海销售分公司党委巡察组副处级巡查员。

[2]　2018年7月，陈强退出领导岗位。

二、浦西分公司党组织

（一）浦西分公司党支部领导名录（2014.1—2016.11）

  书 记 李 成（2014.1—2016.11）

  副 书 记 孟沛泉（2014.1—2016.11）

（二）浦西分公司临时党委领导名录（2016.11—2017.4）

  书 记 李 成（2016.11—2017.4）

  副 书 记 孟沛泉（2016.11—2017.4）

  委 员 李 成（2016.11—2017.4）

       孟沛泉（2016.11—2017.4）

       陈 强（2016.11—2017.4）

       胥卫东（2016.11—2017.4）

（三）浦西分公司党委领导名录（2017.4—2018.12）

  书 记 李 成（2017.4—2018.4）

       宋君义（2018.4—12）

  副 书 记 孟沛泉（2017.4—6）

       曲 亮（2017.6—2018.12）

  委 员 李 成（2017.4—2018.4）

       孟沛泉（2017.4—6）

       陈 强（2017.4—2018.7）

       胥卫东（2017.4）

       曲 亮（2017.6—2018.12）

       张惊宇（2017.8—2018.12）

       宋君义（2018.4—12）

       范国正（2018.7—12）

第三节 奉金分公司（2014.1—2018.12）

  2009 年 1 月，奉贤（南汇）管理中心（正科级）成立。同年 10 月，机构规格调整为副处级。2010 年 1 月，更名为奉贤金山营销中心，并将原南汇行政区域加油站划归浦东营销中心管理，合并管辖金山行政区域内青浦松江营销中心所管加油站。2013年8月，更名为奉金分公司。奉金分公司主要负责奉贤、金山地区成品油批发销售业务和零售网络开发工作，宗旨是代表中国石油进一步开发奉贤、金山地区成品油销售市场，扩大市场份额，确保奉贤、金山地区中国石油资产的高效运作和零售网络的发展完善，保障奉贤、金山地区国民经济建设所需成品油的供给。分公司机关定编23人，其中领导班子4人。机关办公地点在上海市奉贤区南桥镇南奉公路8519号7楼。

截至2014年1月1日，奉金分公司行政领导班子由4人组成，王发任经理；党支部委员会由4人组成，姜东明任党支部书记。奉金分公司设营销部、投资开发部、零售部、人力资源部、质量安全环保部、综合办公室、财务部。

2014年3月，上海销售分公司决定：免去孙振中的奉金分公司副经理（分管财务）职务。

2014年4月，上海销售分公司决定：严鹏飞任奉金分公司副经理（分管财务）。

2014年4月，奉金分公司领导班子成员分工调整如下：王发主持全面工作，分管营销部、投资开发部工作。姜东明主持党群工作，分管零售部、人力资源部工作。葛洌分管质量安全环保部、综合办公室、非油工作，协管投资开发部工作。严鹏飞分管财务部、内控工作及上海中油申隆石油有限公司工作。

2014年，全年油品总销量15.93万吨（其中零售纯枪6.99万吨，批发直销8.94万吨），非油收入1069.14万元，非油利润98.19万元，发卡1.57万张。

2015年10月，上海销售分公司党委批复同意：中共奉金分公司支部委员会由王发、刘建龙、严鹏飞、姜东明、葛洌等5人组成，姜东明为支部书记，王发为支部副书记。

2015年，全年油品总销量15.27万吨（其中零售纯枪6.96万吨，批发直销8.31万吨），非油收入938.54万元，非油利润121.83万元，发卡1.14万张。

2016 年 10 月，奉金分公司领导班子成员分工调整如下：王发主持全面工作，分管营销部、投资开发部、质量安全环保部、人力资源部工作。姜东明主持党群工作。葛洌分管加油站管理部工作，协管投资开发部、质量安全环保部工作。严鹏飞分管财务部、综合办公室、内控管理及上海中油申隆石油有限公司工作，协管人事部工作。

2016 年 11 月，上海销售分公司党委批复同意：成立中共奉金分公司临时委员会，分公司临时党委由姜东明、王发、葛洌、严鹏飞等 4 人组成，姜东明为临时党委书记，王发为临时党委副书记，纪检委员由姜东明兼任。

2016 年 12 月，上海销售分公司党委批复同意：中共奉金分公司临时委员会下设机关、加油站等 2 个党支部。

2016 年 12 月，上海销售分公司党委批复同意：中共奉金分公司机关支部委员会由刘建龙、王树堂、顾美群等 3 人组成，刘建龙为支部书记。中共奉金分公司加油站支部委员会由沈洁、曹泓、鲁叶等 3 人组成，沈洁为支部书记。

2016 年，全年油品总销量 17.55 万吨（其中零售纯枪 7.69 万吨，批发直销 9.86 万吨），非油收入 1552.19 万元，非油利润 213.27 万元，发卡 0.85 万张。

2017 年 4 月，上海销售分公司决定：胥卫东任奉金分公司副经理。上海销售分公司党委决定：胥卫东任奉金分公司临时党委委员、书记。

2017 年 5 月，根据销售公司关于 2017 年度销售企业干部对口挂职工作的要求，上海销售分公司决定：王立强任奉金分公司副经理[①]。

2017 年 6 月，上海销售分公司决定：胥卫东任奉金分公司经理；免去王发的奉金分公司经理职务，委派到上海中油康桥石油有限公司工作。上海销售分公司党委决定：免去王发的奉金分公司临时党委副书记、委员职务。

2017 年 8 月，上海销售分公司决定：金建清任奉金分公司总会计师；免去严鹏飞的奉金分公司副经理（分管财务）职务，委派到上海中油同盛石油有限公司工作。上海销售分公司党委决定：金建清任奉金分公司临时党委委员；免去严鹏飞的奉金分公司临时党委委员职务。

---

① 王立强副经理聘期 2017 年 5 月 2 日至 2017 年 12 月 31 日，聘期 8 个月。

2017 年 8 月，上海销售分公司决定：王树堂任奉金分公司副经理。上海销售分公司党委决定：王树堂任奉金分公司临时党委委员。

2017 年 11 月，奉金分公司领导班子成员分工调整如下。胥卫东主持全面工作和党群工作，分管综合办公室、人力资源部工作。葛洌分管投资开发部工作。金建清分管财务部、内控管理及上海中油申隆石油有限公司工作。王树堂分管加油站管理部、营销部、质量安全环保部及 HSE 体系管理工作。王立强分管非油工作。

2017 年 12 月，上海销售分公司党委批复同意：成立中共奉金分公司委员会，分公司党委由王树堂、金建清、胥卫东、葛洌等 4 人组成，胥卫东为党委书记。

2017 年，全年油品总销量 15.31 万吨（其中零售纯枪 8.23 万吨，批发直销 7.08 万吨），非油收入 2080.38 万元，非油利润 247.98 万元，发卡 1.23 万张。

2018 年 1 月，奉金分公司决定：营销部与加油站管理部合并为综合运营部。

2018 年 4 月，上海销售分公司决定：林少斌任奉金分公司经理；免去胥卫东的奉金分公司经理职务。上海销售分公司党委决定：林少斌任奉金分公司党委委员、书记；免去胥卫东的奉金分公司党委书记、委员职务。

2018 年 4 月，奉金分公司领导班子成员分工调整如下。林少斌主持全面工作和党建工作，分管综合办公室、人事工作，主管投资开发工作。葛洌分管投资开发部工作。金建清分管财务部、内控管理及非油工作，协管办公室工作。王树堂分管综合运营部、质量安全环保部及 HSE 体系管理工作，协管开发工作。

2018 年 6 月，奉金分公司决定：人力资源部并入综合办公室，投资开发部与质量安全环保部合并为质量安全工程部，综合运营部更名为综合运作部。

奉金分公司设 4 部 1 室，包括综合办公室、质量安全部、客户服务部、加油站管理站、财务部。

2018 年，全年油品总销量 15.42 万吨（其中零售纯枪 8.5 万吨，批发直销 6.92 万吨），非油收入 2763.14 万元，非油利润 311.53 万元，发卡 1.47 万张。

　　截至 2018 年 12 月 31 日，奉金分公司行政领导班子由 4 人组成，林少斌任经理；党委由 4 人组成，林少斌任党委书记。2014 年至 2018 年，油品总销量 79.48 万吨（其中零售纯枪 38.37 万吨，批发直销 41.11 万吨），非油收入 8403.39 万元，非油利润 992.8 万元，发卡 6.26 万张。

一、奉金分公司行政领导名录（2014.1—2018.12）

经　　　理　王　发（2014.1—2017.6）[①]

　　　　　　胥卫东（2017.6—2018.4）[②]

　　　　　　林少斌（2018.4—12）

副　经　理　姜东明（2014.1—2016.12）[③]

　　　　　　孙振中（2014.1—3）

　　　　　　葛　洌（2014.1—2018.12）

　　　　　　严鹏飞（2014.4—2017.8）

　　　　　　胥卫东（2017.4—6）

　　　　　　王立强（挂职，2017.5—12）

　　　　　　王树堂（2017.8—2018.12）

总 会 计 师　金建清（2017.8—2018.12）

二、奉金分公司党组织

（一）奉金分公司党支部领导名录（2014.1—2016.11）

书　　　记　姜东明（2014.1—2016.11）

副　书　记　王　发（2014.1—2016.11）

（二）奉金分公司临时党委领导名录（2016.11—2017.12）

书　　　记　姜东明（2016.11—12）

　　　　　　胥卫东（2017.4—12）

副　书　记　王　发（2016.11—2017.6）

委　　　员　姜东明（2016.11—12）

　　　　　　王　发（2016.11—2017.6）

---

① 2017 年 6 月，王发被委派到上海中油康桥石油有限公司担任总经理、党支部书记。

② 2018 年 4 月，胥卫东辞职。

③ 2016 年 12 月，姜东明因涉嫌违纪被行政降职、撤销党内职务。

葛　冽（2016.11—2017.12）

严鹏飞（2016.11—2017.4）

胥卫东（2017.4—12）

金建清（2017.8—12）

王树堂（2017.8—12）

（三）奉金分公司党委领导名录（2017.12—2018.12）

书　　　记　胥卫东（2017.12—2018.4）

王树堂堂堂林少斌（2018.4—12）

委　　　员　胥卫东（2017.12—2018.4）

葛　冽（2017.12—2018.12）

金建清（2017.12—2018.12）

王树堂（2017.12—2018.12）

林少斌（2018.4—12）

第四节　松青分公司（2014.1—2018.12）

2009年1月，青浦（松江、金山）管理中心（正科级）成立。同年10月，机构规格调整为副处级。2010年1月，更名为青浦松江营销中心，并将金山行政区域加油站划归奉贤金山营销中心管理。2013年8月，更名为松青分公司。主要负责松江、青浦地区成品油批发销售业务和零售网络开发工作，宗旨是代表中国石油进一步开发松江、青浦地区成品油销售市场，扩大市场份额，确保松江、青浦地区中国石油资产的高效运作和零售网络的发展完善，保障松江、青浦地区国民经济建设所需成品油的供给。分公司机关定编22人，其中领导班子4人。机关办公地点在上海市松江区茸梅路555号5楼。

截至2014年1月1日，松青分公司行政领导班子由4人组成，许凯任经理；党支部委员会由4人组成，张旭东任党支部书记。松青分公司设机关人力资源部、综合办公室、营销部、投资建设部、质量安全环保部、加油站管理部、财务部、青浦营业部。

2014 年 2 月，松青分公司决定：青浦营业部并入营销部。

2014 年 3 月，上海销售分公司决定：免去胥卫东的松青分公司副经理职务。

2014 年 3 月，松青分公司领导班子成员分工调整如下。许凯主持行政全面工作，分管行政、人事、开发建设管理工作。张旭东主持党群全面工作，分管党群建设、质量安全环保管理工作。金建清分管财务、内控、非油经营管理工作。

2014 年 4 月，上海销售分公司决定：郑熠枫任松青分公司副经理。

2014 年，全年油品总销量 10.62 万吨（其中零售纯枪 7.34 万吨，批发直销 3.28 万吨），油品利润 1669.37 万元，非油收入 923.81 万元，非油利润 111 万元，利润总额 1780.37 万元，发卡 1.23 万张。

2015 年 10 月，上海销售分公司党委批复同意：中共松青分公司支部委员会由许凯、张旭东、张洪军、金建清、郑熠枫等 5 人组成，张旭东为支部书记，许凯为支部副书记。

2015 年，全年油品总销量 10.64 万吨（其中零售纯枪 7.26 万吨，批发直销 3.38 万吨），油品利润 2933.44 万元，非油收入 1297.56 万元，非油利润 158 万元，利润总额 3091.44 万元，发卡 1.51 万张。

2016 年 2 月，松青分公司决定：人力资源部并入综合办公室。

2016 年 11 月，上海销售分公司党委批复同意：成立中共松青分公司临时委员会，分公司临时党委由张旭东、许凯、金建清、郑熠枫等 4 人组成，张旭东为临时党委书记，许凯为临时党委副书记，纪检委员由张旭东兼任。

2016 年 12 月，上海销售分公司党委批复同意：中共松青分公司临时委员会下设松江第一、松江第二、青浦等 3 个党支部。

2016 年 12 月，上海销售分公司党委批复同意：中共松青分公司松江第一支部委员会由金建清、杨鑫楠、宋桂华等 3 人组成，金建清为支部书记。中共松青分公司松江第二支部委员会由张洪军、黄俊、王勇帅等 3 人组成，张洪军为支部书记。中共松青分公司青浦支部委员会由郑熠枫、许梅珍、陈利等 3 人组成，郑熠枫为支部书记。

2016 年，全年油品总销量 12.15 万吨（其中零售纯枪 8.31 万吨，批发直销 3.84 万吨），油品利润 3111.75 万元，非油收入 1812.79 万元，非油利润 243 万元，利润总额 3354.75 万元，发卡 1.56 万张。

2017 年 4 月，上海销售分公司党委批复同意：成立中共松青分公司委员会，分公司党委由许凯、张旭东、金建清、郑熠枫等 4 人组成，张旭东为党委书记，许凯为党委副书记。

2017 年 6 月，上海销售分公司决定：刘国超任松青分公司经理；免去许凯的松青分公司经理职务，委派到上海中油奉贤石油有限公司工作。上海销售分公司党委决定：刘国超任松青分公司党委委员、副书记；免去许凯的松青分公司党委副书记、委员职务。

2017 年 8 月，上海销售分公司决定：李珩洲任松青分公司总会计师；免去金建清的松青分公司副经理（分管财务）职务，调奉金分公司工作。上海销售分公司党委决定：李珩洲任松青分公司党委委员；免去金建清的松青分公司党委委员职务。

2017 年，全年油品总销量 12.4 万吨（其中零售纯枪 8.76 万吨，批发直销 3.64 万吨），油品利润 3094.6 万元，非油收入 2602 万元，非油利润 304 万元，利润总额 3398.6 万元，发卡 1.73 万张。

2018 年 2 月，松青分公司党委成员分工调整如下。张旭东主持党委工作，全面负责党的政治建设、思想建设、作风建设、纪律建设，抓好制度建设和反腐败工作，分管组织干部、工会、宣传新闻及团委工作，联系松江第二党支部。刘国超负责政治建设、作风建设及分管部门和分管业务领域的党建工作，联系松江第一党支部。郑熠枫负责政治建设、作风建设及分管部门和分管业务领域的党建工作，分管思想建设及制度建设、意识形态，兼任青浦党支部书记。李珩洲负责政治建设、作风建设及分管部门和分管业务领域的党建工作，分管纪律建设、反腐败工作及制度建设工作，兼任松江第一党支部书记。

2018 年 3 月，松青分公司决定：投资建设部与质量安全环保部合并为质量安全工程部。

2018 年 7 月，上海销售分公司决定：免去李珩洲的松青分公司总会计师职务，调浦东分公司工作。上海销售分公司党委决定：免去李珩洲的松青分公司党委委员职务。

2018 年 7 月，上海销售分公司决定：刘建龙任松青分公司总会计师。

上海销售分公司党委决定：刘建龙任松青分公司党委委员。

2018 年 12 月，松青分公司决定：营销部与加油站管理部合并为业务运作部。

2018 年，松青分公司机关设 4 部 1 室，包括综合办公室、质量安全工程部、客户服务部、加油站管理部、财务部。

2018 年，全年油品总销量 13.96 万吨（其中零售纯枪 11.18 万吨，批发直销 2.78 万吨），油品利润 2991.54 万元，非油收入 3394.47 万元，非油利润 409.42 万元，利润总额 3400.96 万元，发卡 2.33 万张。

截至 2018 年 12 月 31 日，松青分公司行政领导班子由 4 人组成，刘国超任经理；党委由 4 人组成，张旭东任党委书记。2014 年至 2018 年，油品总销量 59.77 万吨（其中零售纯枪 42.85 万吨，批发直销 16.92 万吨），油品利润 13800.7 万元，非油收入 10030.63 万元，非油利润 1225.42 万元，利润总额 15026.12 万元，发卡 8.36 万张。

一、松青分公司行政领导名录（2014.1—2018.12）

    经   理   许   凯（2014.1—2017.6）[1]

                  刘国超（2017.6—2018.12）

    副 经 理   张旭东（2014.1—2018.12）

                  胥卫东（2014.1—3）

                  金建清（2014.1—2017.8）

                  郑熠枫（2014.4—2018.12）

    总 会 计 师   李珩洲（2017.8—2018.7）

                  刘建龙（2018.7—12）

二、松青分公司党组织

（一）松青分公司党支部领导名录（2014.1—2016.11）

    书   记   张旭东（2014.1—2016.11）

    副 书 记   许   凯（2014.1—2016.11）

（二）松青分公司临时党委领导名录（2016.11—2017.4）

    书   记   张旭东（2016.11—2017.4）

---

[1]　2017 年 6 月，许凯被委派到上海中油奉贤石油有限公司担任总经理、党支部书记。

副　书　记　许　凯（2016.11—2017.4）

委　　　员　张旭东（2016.11—2017.4）

许　凯（2016.11—2017.4）

金建清（2016.11—2017.4）

郑熠枫（2016.11—2017.4）

（三）松青分公司党委领导名录（2017.4—2018.12）

书　　　记　张旭东（2017.4—2018.12）

副　书　记　许　凯（2017.4—6）

刘国超（2017.6—2018.12）

委　　　员　张旭东（2017.4—2018.12）

许　凯（2017.4—6）

金建清（2017.4—8）

郑熠枫（2017.4—2018.12）

刘国超（2017.6—2018.12）

李珩洲（2017.8—2018.7）

刘建龙（2018.7—12）

第五节　宝嘉分公司（2014.1—2018.12）

2009年1月，嘉定（宝山、崇明）管理中心（正科级）成立。同年10月，机构规格调整为副处级。2010年1月，更名为嘉定宝山营销中心，并将崇明行政区域加油站划归崇明营销中心管理。2013年8月，更名为宝嘉分公司。宝嘉分公司主要负责宝山、嘉定地区成品油批发销售业务和零售网络开发工作，宗旨是代表中国石油进一步开发宝山、嘉定地区成品油销售市场，扩大市场份额，确保宝山、嘉定地区中国石油资产的高效运作和零售网络的发展完善，保障宝山、嘉定地区国民经济建设所需成品油的供给。分公司机关定编22人，其中领导班子4人。机关办公地点在上海市宝山区共和新路4727号15楼。

截至2014年1月1日，宝嘉分公司行政领导班子由4人组成，王宏杰任经理；党支部委员会由4人组成，胡进军任党支部书记，王宏杰任副书记。宝嘉分公司设综合办公室、质量安全部、加油站管理部、客户服务部、财务部。

2014年3月，上海销售分公司决定：免去林少斌的宝嘉分公司副经理职务。

2014年4月，上海销售分公司决定：郭世锋任宝嘉分公司副经理。

2014年，全年油品总销量11.5万吨（其中零售纯枪7.22万吨，批发直销4.28万吨），油品利润1757.74万元，非油收入1219.54万元，非油利润130.26万元，利润总额1888万元，发卡3.67万张。

2015年2月，上海销售分公司决定：李建军任宝嘉分公司副经理；免去胡进军的宝嘉分公司副经理职务。上海销售分公司党委决定：李建军任宝嘉分公司党支部书记；免去胡进军的宝嘉分公司党支部书记职务。

2015年3月，宝嘉分公司领导班子成员分工调整如下。王宏杰主持全面工作，主要负责非油、开发建设工作。李建军主持党群工作，主要负责办公室、人事、企管、纪检及安全工作，分管综合办公室、质量安全部。郭世锋负责营销、零售及加油卡工作，协助分公司经理开展非油工作，分管加油站管理部、客户服务部。范国正负责财务、内控工作，分管财务部。

2015年10月，上海销售分公司党委批复同意：中共宝嘉分公司支部委员会由王日光、王宏杰、李建军、范国正、郭世锋等5人组成，李建军为支部书记，王宏杰为支部副书记。

2015年，全年油品总销量11.12万吨（其中零售纯枪7.49万吨，批发直销3.63万吨），油品利润1743.33万元，非油收入1670.73万元，非油利润204.67万元，利润总额1948万元，发卡1.95万张。

2016年11月，上海销售分公司党委批复同意：成立中共宝嘉分公司临时委员会，分公司临时党委由李建军、王宏杰、范国正、郭世锋等4人组成，李建军为临时党委书记，王宏杰为临时党委副书记，纪检委员由李建军兼任。

2016年12月，上海销售分公司党委批复同意：中共宝嘉分公司临时委员会下设机关、宝山、嘉定南区、嘉定北区等4个党支部。

2016年12月，上海销售分公司党委批复同意：中共宝嘉分公司机关支部不设委员会，王日光为支部书记。中共宝嘉分公司宝山支部委员会由崔如娜、张莉、徐琴等 3 人组成，崔如娜为支部书记。中共宝嘉分公司嘉定南区支部委员会由袁婷婷、龚亮、孙翠翠等 3 人组成，袁婷婷为支部书记。中共宝嘉分公司嘉定北区支部委员会由伍宣华、高晓伟、李钢等 3 人组成，伍宣华为支部书记。

2016 年，全年油品总销量 12.45 万吨（其中零售纯枪 7.62 万吨，批发直销 4.83 万吨），油品利润 16.63 万元，非油收入 2517.85 万元，非油利润 290.37 万元，利润总额 307 万元，发卡 1.86 万张。

2017 年 4 月，宝嘉分公司领导班子成员分工调整如下。王宏杰主持全面工作，负责组织、劳资、人事，网络开发工作，分管综合办公室。李建军主持党群工作，负责党的建设、纪检监察、企业文化建设、工会及共青团工作，后勤、车辆管理、新闻、治安信访、维稳及内保，安全环保与 HSE 体系建设、质量及标准化工作，油品批发销售工作，分管质量安全部、客户服务部。范国正负责财务管理、审计、内控、企业管理、股权管理、资产管理工作，分管财务部。郭世锋负责工程建设，加油站管理、计量管理、信息化管理、油品零售、非油品经营管理及加油卡工作，分管加油站管理部。

2017 年 4 月，上海销售分公司党委批复同意：成立中共宝嘉分公司委员会，分公司党委由王宏杰、李建军、范国正、郭世锋等 4 人组成，李建军为党委书记，王宏杰为党委副书记。

2017 年 6 月，上海销售分公司决定：闫巍任宝嘉分公司经理；免去王宏杰的宝嘉分公司经理职务，调浦东分公司工作。上海销售分公司党委决定：闫巍任宝嘉分公司党委委员、副书记；免去王宏杰的宝嘉分公司党委副书记、委员职务。

2017 年 7 月，宝嘉分公司领导班子成员分工调整如下。闫巍主持全面工作，负责组织、劳资、人事工作，分管综合办公室。李建军主持党群、安全工作，负责党的建设、纪检监察、企业文化建设、工会及共青团工作，新闻、治安信访、维稳及内保，安全环保与 HSE 体系建设、质量及标准化工作，分管质量安全部。范国正负责财务管理、审计、内控、企业管理、股权管理、资产管理、非油品经营管理工作，分管财务部、加油站管理部。郭世锋负责工程建设、油品零售与批发、网络开发、加油站管理、计量管理、信息化管理及加油卡管理工作，分管加油站管理部、客户服务部。

2017年11月，宝嘉分公司党委领导班子成员分工如下。李建军主持党委全面工作，抓好党委日常工作，组织开好党委会，分管思想建设、党风廉政建设和队伍建设工作。闫巍协助党委书记开展工作，党委书记不在时代行党委书记职责，抓好先进典型、培养选树工作，分管领导班子建设、组织建设和制度建设工作。范国正协助党委书记做好纪检监察工作，协助党委副书记做好组织建设、党费收缴、党员发展工作，抓好综合检查工作。郭世锋分管宣传工作，做好新闻宣传报道、内部网站更新、文化展板更新工作，分管工会、共青团工作，抓好扶贫帮困、文体活动、青年创新创效、劳模创新工作室、青年文明号创建等工作。

2017年，全年油品总销量11.19万吨（其中零售纯枪7.68万吨，批发直销3.51万吨），油品利润1683.91万元，非油收入3095.94万元，非油利润347.09万元，利润总额2031万元，发卡2.6万张。

2018年6月，宝嘉分公司决定：质量安全部更名为质量安全工程部，客户服务部与加油站管理部合并为业务运作部。

2018年7月，上海销售分公司决定：免去范国正的宝嘉分公司总会计师职务，调浦西分公司工作。上海销售分公司党委决定：免去范国正的宝嘉分公司党委委员职务。

2018年7月，上海销售分公司决定：张国友任宝嘉分公司总会计师。上海销售分公司党委决定：张国友任宝嘉分公司党委委员。

2018年8月，宝嘉分公司领导班子成员分工调整如下：闫巍主持全面工作，负责组织、劳资、人事工作，分管综合办公室。李建军主持党群、安全工作，负责党的建设、纪检监察、企业文化建设、工会及共青团工作，新闻、治安信访、维稳及内保，安全环保与HSE体系建设、质量及标准化工作，分管质量安全部。张国友负责财务管理、审计、内控，企业管理、股权管理、资产管理、非油品经营管理工作，分管财务部。郭世锋负责工程建设、油品零售与批发、网络开发、加油站管理、计量管理、信息化管理及加油卡管理工作，分管加油站管理部、客户服务部。

2018年8月，宝嘉分公司党委成员分工调整如下。李建军主持党委全面工作，抓好党委日常工作，组织好党委委员会，分管思想建设、党风廉政建设和队伍建设工作。闫巍协助党委书记开展工作，党委书记不在时代行党委书记职责，抓好先进典型、培养选树工作，分管领导班子建设、组织建设和制度建设工作。张国友协助党委书记做好纪检监察工作，协助党委副书记做好组织建设、党费收缴、党员发展工作，抓好综合检查工作。郭世锋分管宣传工作，做好新闻宣传报道、内部网络更新、文化展板更新工作，分管工会、共青团工作，抓好扶贫帮困、文体活动、青年创新创效、劳模创新工作室、青年文明号创建等工作。

2018年12月，宝嘉分公司党委决定：撤销机关党支部。机关党员重新划分至嘉定南区、嘉定北区和宝山区党支部。

2018年，宝嘉分公司设4部1室，包括综合办公室、质量安全部、客户服务部、加油站管理部、财务部。全年油品总销量11.22万吨（其中零售纯枪7.67万吨，批发直销3.55万吨），油品利润1475.1万元，非油收入3574.69万元，非油利润366.9万元，利润总额1842万元，发卡2.28万张。

截至2018年12月31日，宝嘉分公司行政领导班子由4人组成，闫巍任经理。党委由4人组成，李建军任党委书记，闫巍任副书记。2014年至2018年，油品总销量57.48万吨（其中零售纯枪37.68万吨，批发直销19.8万吨），油品利润6676.71万元，非油收入12078.75万元，非油利润1339.29万元，利润总额8016万元，发卡12.36万张。

期间：2017年12月，嘉定第四加油站经理、嘉定南区党支部书记袁婷婷当选上海市第十五届人大代表。

一、宝嘉分公司行政领导名录（2014.1—2018.12）

经　　　理　王宏杰（2014.1—2017.6）
　　　　　　闫　巍（满族，2017.6—2018.12）
副　经　理　胡进军（2014.1—2015.2）
　　　　　　林少斌（2014.1—3）
　　　　　　郭世锋（2014.3—2018.12）
　　　　　　李建军（2015.2—2018.12）
总 会 计 师　范国正（2014.1—2018.7）
　　　　　　张国友（2018.7—12）

二、宝嘉分公司党组织

（一）宝嘉分公司党支部领导名录（2014.1—2016.11）

书　　记　胡进军（2014.1—2015.2）

　　　　　李建军（2015.2—2016.11）

副　书　记　王宏杰（2014.1—2016.11）

（二）宝嘉分公司临时党委领导名录（2016.11—2017.4）

书　　记　李建军（2016.11—2017.4）

副　书　记　王宏杰（2016.11—2017.4）

委　　员　李建军（2016.11—2017.4）

　　　　　王宏杰（2016.11—2017.4）

　　　　　范国正（2016.11—2017.4）

　　　　　郭世锋（2016.11—2017.4）

（三）宝嘉分公司党委领导名录（2017.4—2018.12）

书　　记　李建军（2017.4—2018.12）

副　书　记　王宏杰（2017.4—6）

　　　　　闫　巍（2017.6—2018.12）

委　　员　李建军（2017.4—2018.12）

　　　　　王宏杰（2017.4—6）

　　　　　范国正（2017.4—2018.7）

　　　　　郭世锋（2017.4—2018.12）

　　　　　闫　巍（2017.6—2018.12）

　　　　　张国友（2018.7—12）

第六节　崇明分公司（2014.1—2018.12）

2010年1月，崇明营销中心（正科级）成立。2011年4月，机构规格调整为副处级。2013年8月，更名为崇明分公司。崇明分公司主要负责崇明地区成品油批发销售业务和零售网络开发工作，宗旨是代表中国石油进一步开发崇明地区成品油销售市场，扩大市场份额，确保崇明地区中国石油资产的高效运作和零售网络的发展完善，保障崇明地区国民经济建设所需成品油的供给。分公司机关定编 17 人，其中领导班子 4 人。机关办公地点设在上海市崇明区陈家镇裕盛路 3 弄 2 号 5 楼。

截至 2014 年 1 月 1 日，崇明分公司行政领导班子由 4 人组成，安必成任经理；党支部委员会由 4 人组成，段友君任党支部书记，安必成任副书记。崇明分公司机关设开发建设部、质量安全环保部、营销部、加油站管理部、财务部、综合办公室。

2014 年，全年油品总销量 3.09 万吨（其中零售纯枪 2.13 万吨，批发直销 0.96 万吨），非油收入 184.79 万元，非油利润 30.95 万元，发卡 0.48 万张。

2015 年 10 月，上海销售分公司党委批复同意：中共崇明分公司支部委员会由王群、安必成、陈军、张国友、段友君等 5 人组成，段友君为支部书记，安必成为支部副书记。

2015 年，全年油品总销量 2.92 万吨（其中零售纯枪 2.3 万吨，批发直销 0.62 万吨），非油收入 307.19 万元，非油利润 113.5 万元，发卡 0.55 万张。

2016 年 11 月，上海销售分公司党委批复同意：成立中共崇明分公司临时委员会，分公司临时党委由段友君、安必成、陈军、张国友等 4 人组成，段友君为临时党委书记，安必成为临时党委副书记，纪检委员由段友君兼任。

2016 年 12 月，上海销售分公司党委决定：中共崇明分公司临时委员会下设机关、加油站等 2 个党支部。

2016 年 12 月，上海销售分公司党委批复同意：中共崇明分公司机关支部委员会由王群、刘志忠、田一鸣等 3 人组成，王群为支部书记。中共崇明分公司加油站支部委员会由迟涛、刘大礼、朱佳燕等 3 人组成，迟涛为支部书记。

2016 年，全年油品总销量 2.85 万吨（其中零售纯枪 2.34 万吨，批发直销 0.51 万吨），非油收入 390.06 万元，非油利润 43.67 万元，发卡 0.39 万张。

2017 年 4 月，上海销售分公司党委批复同意：成立中共崇明分公司委员会，分公司党委由安必成、陈军、张国友、段友君等 4 人组成，段友君为党委书记，安必成为党委副书记。

2017 年 4 月，上海销售分公司决定：免去安必成的崇明分公司经理职务；林少斌任崇明分公司经理。上海销售分公司党委决定：免去安必成的崇明分公司党委副书记、委员职务；林少斌任崇明分公司党委委员、副书记。

2017 年 10 月，崇明分公司领导班子成员分工调整如下。林少斌主持全面工作，分管行政、人事、投资建设开发、固定资产实物管理、成品油批发、价格计划配置、油品零售、非油品零售、加油站管理、计量管理等工作，协助党委书记主持党群工作。段友君主持党群工作。陈军分管安全环保与 HSE 体系建设、质量及标准化建设等安全工作，分管组织工作。张国友分管财务、内控、股权管理等工作，分管宣传工作。

2017 年，全年油品总销量 3.03 万吨（其中零售纯枪 2.32 万吨，批发直销 0.71 万吨），油品利润 0.84 万元，非油收入 492 万元，非油利润 42.87 万元，利润总额 43.71 万元，发卡 0.36 万张。

2018 年 4 月，上海销售分公司决定：孙振中任崇明分公司经理；免去林少斌的崇明分公司经理职务，调奉金分公司工作。上海销售分公司党委决定：孙振中任崇明分公司党委委员、副书记；免去林少斌的崇明分公司党委副书记、委员职务。

2018 年 5 月，崇明分公司领导班子成员分工调整如下。孙振中主持全面工作，分管行政、人事、投资建设开发、固定资产实物管理、成品油批发、价格计划配置、油品零售、非油品零售、加油站管理、计量管理等工作，协助党委书记主持党群工作。段友君主持党群工作。陈军分管安全环保与 HSE 体系建设、质量及标准化建设等安全工作，分管组织工作。张国友分管财务、内控、股权管理等工作，分管宣传工作。

2018 年 6 月，崇明分公司决定：开发建设部与质量安全环保部合并为质量安全工程部，营销部与加油站管理部合并为业务运作部。

2018 年 7 月，上海销售分公司决定：夏冬梅任崇明分公司总会计师；免去张国友的崇明分公司总会计师职务，调宝嘉分公司工作。上海销售分公司党委决定：夏冬梅任崇明分公司党委委员；免去张国友的崇明分公司党委委员职务。

2018 年 9 月，崇明分公司领导班子成员分工调整如下。孙振中主持行政全面工作，负责发展战略规划、投资计划、综合办、人事、零售业务、直销业务、非油业务工作。段友君主持党委全面工作，负责思想政治、党的建设、纪检监察、工会、团委、新闻工作。陈军负责安全环保与 HSE 体系建设、质量及标准化建设工作，协助经理管理直销业务，分管质量安全部，协管直销部。夏冬梅负责财务管理、股权管理、制度建设、内控、固定资产实物管理工作，协助经理管理非油业务，分管财务部，协管非油管理小组。

2018 年 9 月，崇明分公司党委成员分工如下：段友君主持党群工作，全面负责党的政治建设、思想建设、作风建设、纪律建设，抓好制度建设和反腐败工作，联系加油站党支部。孙振中协助党委书记主持党群工作，负责政治建设、作风建设及分管部门和分管业务领域的党建工作，联系机关党支部。陈军分管组织工作，做好组织建设、党费收缴、党员发展工作，联系机关党支部。夏冬梅分管宣传及意识形态工作，做好意识形态、新闻宣传报道、内部网络更新、文化展板更新工作，联系加油站党支部。

2018 年，崇明分公司设 4 部 1 室，包括综合办公室、质量安全部、客户服务部、加油站管理部、财务部。全年油品总销量 3.35 万吨（其中零售纯枪 2.29 万吨，批发直销 1.06 万吨），非油收入 721.19 万元，非油利润 71.28 万元，发卡 0.55 万张。

截至 2018 年 12 月 31 日，崇明分公司行政领导班子由 4 人组成，孙振中任经理。党委由 4 人组成，段友君任党委书记，孙振中任副书记。

2014 年至 2018 年，油品总销量 15.24 万吨（其中零售纯枪 11.38 万吨，批发直销 3.86 万吨），非油收入 2095.23 万元，非油利润 302.27 万元，发卡 2.33 万张。

一、崇明分公司行政领导名录（2014.1—2018.12）

经　　　理　安必成（2014.1—2017.4）[①]

林少斌（2017.4—2018.4）

孙振中（2018.4—12）

副 经 理　段友君（2014.1—2018.12）

陈　军（2014.1—2018.12）

---

① 2017 年 4 月，安必成辞职。

张国友（2014.4—2018.7）

总 会 计 师　张国友（2014.4—2018.7）

夏冬梅（女，2018.7—12）

二、崇明分公司党组织

（一）崇明分公司党支部领导名录（2014.1—2016.11）

书　　记　段友君（2014.1—2016.11）

副 书 记　安必成（2014.1—2016.11）

（二）崇明分公司临时党委领导名录（2016.11—2017.4）

书　　记　段友君（2016.11—2017.4）

副 书 记　安必成（2016.11—2017.4）

委　　员　段友君（2016.11—2017.4）

安必成（2016.11—2017.4）

张国友（2016.11—2017.4）

陈　军（2016.11—2017.4）

（三）崇明分公司党委领导名录（2017.4—2018.12）

书　　记　段友君（2017.4—2018.12）

副 书 记　安必成（2017.4）

林少斌（2017.4—2018.4）

孙振中（2018.4—12）

委　　员　段友君（2017.4—2018.12）

安必成（2017.4）

张国友（2017.4—2018.7）

陈　军（2017.4—2018.12）

林少斌（2017.4—2018.4）

孙振中（2018.4—12）

夏冬梅（2018.7—12）

第七节 燃料油销售中心（2014.1—2015.6）

2010 年 4 月，燃料油销售中心成立。

截至 2014 年 1 月 1 日，燃料油销售中心主要职能：燃料油销售相关工作的支付建设与执行检查；燃料油资源的组织与总体平衡；直接负责燃料油的购进工作；燃料油销售价格的全面管理；燃料油计划的制定和落实，并直接负责销售；对集团型燃料油大客户进行开发与维护；燃料油购进和直接销售环节的结算及客存稽核管理工作；燃料油市场信息的收集、整理、分析，为营销决策提供依据。定编 6 人，其中领导职数 2 人、一般管理人员 4 人，在册员工 3 人。共有党员 1 人，党组织关系隶属机关第一党支部。全宣任燃料油销售中心经理。办公地点设在上海市浦东新区世纪大道 1200 号 2712 室。

2015 年 6 月，上海销售分公司决定：撤销燃料油销售中心，相关业务及职责并入营销处；原燃料油销售中心管理人员并入营销处，营销处编制定员不变。

2015 年 8 月，上海销售分公司决定：免去全宣的燃料油销售中心经理职务。

经　　　理　仝　宣（2014.1—2015.8）[1]

第八节 非油销售公司—非油品销售分公司
（2018.6—12）

2018 年 6 月，上海销售分公司决定：成立非油销售公司，机构规格为正处级，按直属专业公司管理。

非油销售公司主要职能：负责非油业务管理与指导；非油业绩指标与考核；非油经营监督与检查；非油业务规范与培训；非油业务运作与营销；非

---

[1] 2015 年 8 月，仝宣被聘任为营销管理专家。

油供应链管理；团购业务运营管理；电商平台运营管理。定编 10 人，其中领导职数 2 人、一般管理人员 8 人。办公地点设在上海市浦东新区世纪大道 1200 号 27 楼 2710 室。

2018 年 8 月，上海销售分公司决定：免去王玫的非油品业务处处长职务。①

2018 年 9 月，股份公司审核同意：以非油品业务处为基础设立非油品销售分公司，列为二级单位管理。

2018 年 9 月，上海销售分公司决定：丁晗任非油品销售分公司经理。

截至 2018 年 12 月 31 日，在册员工 9 人。共有党员 5 人，党组织关系隶属机关第三党支部。丁晗任非油品销售分公司经理。

一、非油销售公司领导名录（2018.6—9）

处　　　长　王　玫（女，2018.6—8）②

副　处　长　丁　晗（2018.6—9）

二、非油品销售分公司领导名录（2018.9—12）

经　　　理　丁　晗（2018.9—12）

---

① 2018 年 6 月，撤销非油品业务处，成立非油销售公司，职务名称未及时变更。

② 2018 年 8 月，王玫退出领导岗位。

第五章　附录附表

第一节　2014年1月上海销售分公司组织机构框架图

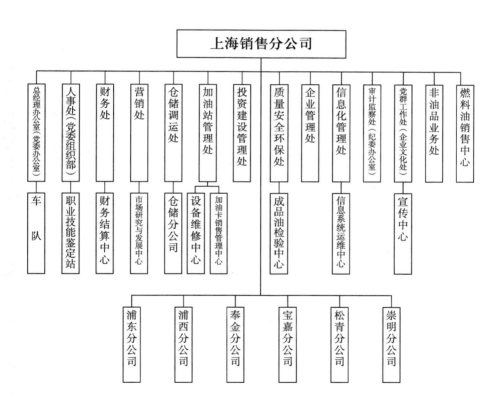

第二节　上海销售分公司机构沿革图

一、2014—2018 年机关处室沿革图

2014	→2015	→2016	→2017	→2018（年份）
总经理办公室（党委办公室）				总经理办公室（党委办公室、党委办公室）
人事处（党委组织部）				人事处（党委组织部）
财务处				财务处
营销处				营销处
仓储调运处				仓储调运处
加油站管理处				加油站管理处
非油品业务处				①
投资建设管理处				投资建设管理处
质量安全环保处				质量安全环保处
企业管理处				企业管理处
信息化管理处				信息化管理处
审计监察处（纪委办公室）				审计监察处（纪委办公室）
党群工作处（企业文化处）				党群工作处（企业文化处、党委宣传部）②

图例说明　　→：延续　　‖：撤销

① 2018 年 6 月，撤销非油品业务处，成立非油销售公司，按上海销售分公司直属专业公司管理。
② 2018 年 6 月，党群工作处（企业文化处）加挂党委宣传部牌子。

二、2014—2018 年机关附属机构沿革图

2014	→2015	→2016	→2017	→2018（年份）
财务结算中心				→财务结算中心
职业技能鉴定站				→职业技能鉴定站
成品油检验中心				→成品油检验中心
车队				⫣ ①
市场研究与发展中心				⫣
仓储分公司				⫣
加油卡销售管理中心				⫣
设备维修中心				⫣
信息系统运维中心				⫣
宣传中心				⫣

图例说明	⟶：延续	⫣：撤销

① 2018 年 6 月，撤销车队，市场研究与发展中心、仓储分公司、加油卡销售管理中心、设备维修中心、信息系统运维中心、宣传中心 7 个附属机构。

三、2014—2018 年所属二级单位沿革图

| 2014 | → 2015 | → 2016 | → 2017 | → 2018（年份） |

浦东分公司 ————————→ 浦东分公司

浦西分公司 ————————→ 浦西分公司

奉金分公司 ————————→ 奉金分公司

松青分公司 ————————→ 松青分公司

宝嘉分公司 ————————→ 宝嘉分公司

崇明分公司 ————————→ 崇明分公司

| 图 例 说 明 | ——→：延续 | ‖：撤销 |

第三节 非常设领导机构简表

序号	非常设领导机构名称	成立或调整日期	文件编号	具体工作职能处室
1	宣传工作领导小组	2015年1月	上海销售〔2015〕2号	党群工作处（企业文化处、党委宣传部）
2	内控与风险管理委员会	2015年5月	上海销售〔2015〕33号	企业管理处
3	反腐倡廉建设工作领导小组	2016年4月	上海销售党〔2016〕19号	审计监察处（纪委办公室）
4	投资评审委员会	2016年7月	上海销售〔2016〕50号	投资建设管理处
5	双低站治理工作推进领导小组	2016年12月	上海销售〔2016〕91号	加油站管理处
6	价格管理领导小组	2017年1月	上海销售〔2017〕2号	营销处
7	维稳信访安保防恐工作领导小组	2017年9月	上海销售〔2017〕46号	总经理办公室（党委办公室）
8	经营运作协调小组	2018年1月	上海销售〔2018〕3号	营销处
9	全面深化改革领导小组	2018年3月	上海销售〔2018〕24号	企业管理处
10	劳动竞赛领导小组	2018年3月	上海销售工〔2018〕2号	党群工作处（企业文化处、党委宣传部）
11	创新工作领导小组	2018年3月	上海销售〔2018〕23号	党群工作处（企业文化处、党委宣传部）
12	预算委员会	2018年5月	上海销售〔2018〕33号	财务处
13	HSE委员会	2018年5月	上海销售〔2018〕38号	质量安全环保处
14	国家安全人民防线建设小组	2018年7月	上海销售〔2018〕50号	总经理办公室（党委办公室）
15	油卡非润一体化营销工作推进领导小组	2018年7月	上海销售〔2018〕51号	加油站管理处
16	职称改革工作领导小组	2018年8月	上海销售〔2018〕60号	人事处（党委组织部）
17	工程系列中级专业技术职务任职资格评审委员会	2018年8月	上海销售〔2018〕61号	人事处（党委组织部）
18	企业思想政治工作系列中级专业技术职务任职资格评审委员会	2018年8月	上海销售〔2018〕61号	人事处（党委组织部）

续表

序号	非常设领导机构名称	成立或调整日期	文件编号	具体工作职能处室
19	巡察工作领导小组	2018年8月	上海销售党〔2018〕52号	审计监察处（纪委办公室）
20	网络开发协调小组	2018年9月	上海销售〔2018〕65号	投资建设管理处
21	人事劳动分配制度改革工作领导小组	2018年11月	上海销售〔2018〕74号	人事处（党委组织部）
22	法治建设领导小组	2018年11月	上海销售〔2018〕77号	企业管理处
23	党的建设工作领导小组	2018年12月	上海销售〔2018〕75号	人事处（党委组织部）

第四节　　2018年12月所属加油站目录

加油站名称	站经理	性质	级别	营业场地	所属分公司
凌桥第一加油站	张志华	全资	三级	上海市浦东新区江东路861弄2号	浦东分公司
凌桥第二加油站	周方丽	全资	四级	上海市浦东新区江东路861弄1号	浦东分公司
杨思加油站	李孝军	全资	特级	上海市浦东新区杨思路2号	浦东分公司
杨园加油站	王燕	全资	六级	上海市浦东新区赵高路1099号	浦东分公司
苗圃加油站	陈小骥	全资	二级	上海市浦东新区苗圃路151号	浦东分公司
浦东北路加油站	谢敬秀	全资	四级	上海市浦东新区浦东北路997号	浦东分公司
振兴加油站	苏国明	全资	特级	上海市浦东新区杨高南路2029号	浦东分公司
龚路加油站	王明彩	租赁	一级	上海市浦东新区沙川路816号	浦东分公司
妙境加油站	卫曾萍	租赁	二级	上海市浦东区妙境北路15号	浦东分公司
金科加油站	钱玉清	控股	一级	上海市浦东新区高科中路1176号	浦东分公司
英伦加油站	黄小英	控股	四级	上海市浦东新区外高桥保税区英伦路360号	浦东分公司
爱使东方浦南油气站	韩浩	控股	二级	上海市浦东新区浦东南路1864号	浦东分公司
祝桥加油站	黄海英	全资	五级	上海市浦东新区南汇祝桥镇周祝公路3259号	浦东分公司

加油站名称	站经理	性质	级别	营业场地	所属分公司
力胜加油站	田常松	全资	二级	上海市浦东新区南汇沪南公路 4403 号	浦东分公司
东南加油站	王伟	租赁	四级	上海市浦东新区南汇惠南镇沪南公路 9111 号	浦东分公司
瓦屑加油点	李晨辉	全资	四级	上海市浦东新区南汇周浦镇浜村窑墩 672 号	浦东分公司
新场加油点	赵伟	全资	七级	上海市浦东新区南汇新场镇新奉公路 1465 号	浦东分公司
汇团加油点	马刚	全资	七级	上海市浦东新区南汇大团镇国车站村 6 组 271 号	浦东分公司
泥城加油站	袁芬	全资	三级	上海市浦东新区南汇南芦公路 1761 号	浦东分公司
新桥加油点	李世臣	全资	六级	上海市浦东新区南汇新场镇申江南路 7300 号	浦东分公司
东新加油站	周宇	控股	六级	上海市浦东新区南汇新港镇南果公路 688 号	浦东分公司
鹤鸣加油站	董帅	控股	四级	上海市浦东新区南汇沪南公路 5258 号	浦东分公司
国彝加油站	孙嘉	控股	五级	上海市浦东新区南汇三三公路 4801 号	浦东分公司
人民西路加油站	严剑英	全资	一级	上海市浦东新区南汇人民西路西乐路交叉口	浦东分公司
凌桥第三加油站	张志华	租赁	六级	上海市浦东新区江东路 1499 号	浦东分公司
物流园区加油站	李华	全资	七级	上海市浦东新区物流园区申海路 88 号	浦东分公司
环南加油站	焦丽芳	控股	二级	上海市浦东新区环南一大道 601 号	浦东分公司
浦星加油站	李晓华	全资	二级	上海市浦东新区浦星公路 498 号	浦东分公司
凯燕加油站	吴灏	控股	五级	上海市徐汇区凯旋路 2048 号	浦西分公司
延平路加油站	张猛	全资	五级	上海市静安区武定路 1099 号	浦西分公司
真光加油站	胡月	全资	三级	上海市普陀区真光路 1877 号	浦西分公司
绿园加油站	施允娣	全资	四级	上海市闸北区沪太路 857 号	浦西分公司
华辉加油站	李丛	控股	三级	上海市长宁区仙霞路 1310 号	浦西分公司
华浦加油站	沈东	控股	三级	上海市徐汇区龙吴路 2451 号	浦西分公司
莘庄工业区加油站	武松柏	控股	二级	上海市闵行区中春路 1988 号	浦西分公司

续表

加油站名称	站经理	性质	级别	营业场地	所属分公司
虹莘加油站	洪 赫	控股	一级	上海市闵行区莘朱路 1058 号（外环线）	浦西分公司
梅莘加油站	洪 赫	全资	三级	上海市闵行区莘朱路 1058 号	浦西分公司
徐浦加油站	顾志军	全资	二级	上海市闵行区浦星公路东侧	浦西分公司
中春路加油站	韩 聪	全资	二级	上海市闵行区中春路 7331 号	浦西分公司
闵行第一加油站	韩桂平	全资	四级	上海市闵行区塘湾镇放鹤路 999 号	浦西分公司
爱使东方唐山路油气站	陈毅莲	控股	四级	上海市虹口区唐山路 481 号	浦西分公司
常德路加油站	张 猛	控股	三级	上海市静安区常德路 557 号	浦西分公司
虹梅南路加油站	杨 莉	全资	四级	上海市闵行区虹梅南路 2980 号	浦西分公司
中油上中油气站	王喜庆	控股	二级	上海市徐汇区龙州路 588 号	浦西分公司
金迈加油站	周航宇	控股	二级	上海市普陀区金迈路 28 号	浦西分公司
莲花南路加油站	伍 辉	全资	三级	上海市闵行区莲花南路 1668 号	浦西分公司
龙吴路加油站	徐弘扬	全资	四级	上海市徐汇区龙吴路 560 号	浦西分公司
泾阳加油站	兰玠锋	参股未并表	二级	上海市普陀区金沙江路 2405 号	浦西分公司
安达加油站	沈云龙	全资	四级	上海市奉贤区南奉公路航塘路口	奉金分公司
头桥为农服务加油店	周 瑜	全资	五级	上海市奉贤区头桥镇新奉公路 1692 号	奉金分公司
平安为农服务加油店	王冬君	全资	五级	上海市奉贤区平安镇平福东路 19 号	奉金分公司
青村为农服务加油店	沈云龙	全资	五级	上海市奉贤区青村镇南奉公路 3035 号	奉金分公司
洪庙加油站	周 瑜	全资	六级	上海市奉贤区奉城镇洪庙村	奉金分公司
洪卫港加油站	陆健雄	全资	七级	上海市奉贤区五四公路洪卫港	奉金分公司
金汇加油站	彭 干	全资	七级	上海市奉贤区金汇镇汇中路 68 号	奉金分公司
肖塘加油站	方 华	全资	四级	上海市奉贤区西渡镇沪杭公路 883 号	奉金分公司
锦桥加油站	沈云龙	全资	五级	上海市奉贤区钱桥镇东	奉金分公司
金临加油站	张明星	全资	六级	上海市金山区亭枫公路 4339 号	奉金分公司

加油站名称	站经理	性质	级别	营业场地	所属分公司
方城加油站	曹　泓	全资	四级	上海市金山区金卫镇金山大道 3000 号	奉金分公司
龙泉加油站	彭美花	全资	四级	上海市金山区亭卫公路 6606 号	奉金分公司
金山第四加油站	朱君萍	全资	五级	上海市金山区亭枫公路 8288 号	奉金分公司
金山第五加油站	胡莉剑	全资	五级	上海市金山区朱枫公路 788 号	奉金分公司
金山第六加油站	朱　越	全资	五级	上海市金山区朱吕公路 4628 号	奉金分公司
欣宝加油站	张明星	控股	六级	上海市金山区亭枫公路 5875 号	奉金分公司
金发加油站	何慧娟	控股	五级	上海市金山区金卫镇卫六路北 2 号	奉金分公司
金朝加油站	鲁　叶	控股	四级	上海市金山区金山大道延伸段 4 号线漕泾庄胡路交叉口东北侧	奉金分公司
邬桥加油站	沈　洁	全资	五级	上海市奉贤区邬桥镇	奉金分公司
四团加油站	费春欢	全资	四级	上海市奉贤区四团镇	奉金分公司
A30 浦星服务区加油站	王静义	控股	五级	上海市奉贤区 A30 高速光明服务区	奉金分公司
新寺加油站	姚明强	全资	六级	上海市奉贤区新寺镇虹光村九组	奉金分公司
五四加油站	陆健雄	全资	七级	上海市奉贤区五四农场新场部	奉金分公司
廊华加油站	朱　越	控股	七级	上海市金山区漕廊公路 9255 号	奉金分公司
塘外为农服务加油店	沈云龙	全资	六级	上海市奉贤区奉贤镇奉柘公路 916 号	奉金分公司
泰日加油站	胡叶红	全资	四级	上海市奉贤区大叶公路 6843 号	奉金分公司
钱桥加油站	沈云龙	全资	七级	上海市奉贤区钱桥镇北金王村	奉金分公司
沈浦泾南路加油站	汪斌兵	全资	四级	上海市金山区朱泾镇亭枫高速沈浦泾路口	奉金分公司
金三角加油站	胡莉剑	控股未并表	七级	上海市金山区朱枫公路 7665 号	奉金分公司
乐都加油站	袁月生	全资	三级	上海市松江区松江镇乐都路 143 号	松青分公司
古松加油站	张　懿	全资	五级	上海市松江区石湖荡镇松蒸公路 2151 号	松青分公司
松江第二加油站	张　红	全资	二级	上海市松江区车墩镇车亭公路 558 号	松青分公司
茸平加油站	顾雪军	全资	五级	上海市松江区茸平路 12 号	松青分公司

加油站名称	站经理	性质	级别	营业场地	所属分公司
青物加油站	沈海锋	全资	四级	上海市青浦区沪青平公路 5824 号	松青分公司
青华加油站	沈海锋	全资	五级	上海市青浦区外青松公路 7821 号	松青分公司
君宇加油站	戚晓明	全资	六级	上海市青浦区松蒸公路 4520 号	松青分公司
四岔口加油站	沈燕华	全资	四级	上海市青浦区外青松公路 5108 号（北青公路口）	松青分公司
青浜加油站	戚晓明	全资	七级	上海市青浦区朱枫公路 7345 号	松青分公司
杜村加油站	王卫治	全资	五级	上海市青浦区白鹤镇杜村	松青分公司
蒸俞路加油站	戚晓明	全资	七级	上海市青浦区脸膛镇双菱村菱浜 313 号	松青分公司
三新加油站	许梅珍	控股	四级	上海市松江区三新北路 275 号	松青分公司
方皇加油站	王永利	控股	二级	上海市青浦区嘉松中路 4557 号	松青分公司
卯新加油站	齐建华	全资	五级	上海市松江区叶新公路 5648 号	松青分公司
茸惠加油站	马诚难	控股	四级	上海市松江区茸惠路 558 号	松青分公司
泗砖加油站	陈玉柱	控股	三级	上海市松江区泗泾镇泗砖路 650 号	松青分公司
叶新路加油站	陆国卫	全资	五级	上海市松江区新浜镇新工路 220 号	松青分公司
松江第三加油站	邓丽彬	全资	四级	上海市松江区松卫北路 1199 号	松青分公司
重盈加油站	陈利	控股未并表	四级	上海市青浦区赵巷镇赵重路西侧	松青分公司
曹安加油站	袁兴磊	租赁	四级	上海市嘉定区曹安路 4082 号 19 号桥东首	宝嘉分公司
宝叶加油站	张莉	租赁	二级	上海市嘉定区浏翔公路 2001 号	宝嘉分公司
宝尔加油站	秦秋	租赁	五级	上海市嘉定区嘉新公路 1278 号	宝嘉分公司
陆野加油站	袁婷婷	租赁	四级	上海市嘉定区曹安路 2985 号	宝嘉分公司
勇盛加油站	蔡秋远	控股	四级	上海市嘉定区嘉行公路 2498 号	宝嘉分公司
嘉松加油站	龚亮	控股	三级	上海市嘉定区嘉松北路 7501 号	宝嘉分公司
维辉加油站	徐燕	控股	五级	上海市宝山区沪太路、金石路路口	宝嘉分公司
泰和加油站	孙翠翠	控股	四级	上海市宝山区泰和路 1188 号	宝嘉分公司
徐行加油站	叶文超	控股	四级	上海市嘉定区新建一路 1500 号	宝嘉分公司

续表

加油站名称	站经理	性质	级别	营业场地	所属分公司
宝杨第一加油站	徐 琴	全资	四级	上海市宝山区宝杨路 3076 号	宝嘉分公司
宝杨第二加油站	陈素菊	全资	四级	上海市宝山区宝杨路 2058 号	宝嘉分公司
崇明第一加油点	黄尚忠	全资	四级	上海市崇明区南门路 487 号	崇明分公司
崇明第二加油站	张煜眉	全资	七级	上海市崇明区建设镇建设公路 2230 号	崇明分公司
崇明第三加油站	赵 莉	全资	六级	上海市崇明区汲浜镇陈彷公路 3099 弄 20 号	崇明分公司
崇明第四加油站	陆建国	全资	七级	上海市崇明区北沿公路 2940 号（红星农场）	崇明分公司
崇明第五加油站	龚惠彪	全资	七级	上海市崇明区三星镇宏海公路 4701 号	崇明分公司
崇明第七加油站	沈 慧	全资	七级	上海市崇明区大新镇前竖公路 2825 号	崇明分公司
崇明第八加油站	陈利琴	全资	七级	上海市崇明区新民镇北新公路 342 号	崇明分公司
崇明第九加油站	陈利琴	全资	七级	上海市崇明区港沿镇港沿公路 985 号	崇明分公司
崇明第十一加油站	赵 莉	全资	七级	上海市崇明区陈彷公路 2680 号	崇明分公司
崇明第十三加油站	沈 慧	全资	七级	上海市崇明区竖河镇团城公路 1821 号	崇明分公司
崇明第十四加油站	赵 莉	全资	七级	上海市崇明区向化镇陈彷公路 5001 号	崇明分公司
崇明第十五加油站	张 霞	全资	四级	上海市崇明区陈家镇陈彷公路 258 号	崇明分公司
崇明第十六加油站	龚惠彪	全资	七级	上海市崇明区绿华镇新建路 831 号	崇明分公司
崇明第十八加油站	张煜眉	全资	七级	上海市崇明区港西镇三双公路 1231 号	崇明分公司
崇明第十九加油站	龚惠彪	全资	七级	上海市崇明区庙镇镇合作公路 845 号	崇明分公司
崇明第二十加油站	龚惠彪	全资	七级	上海市崇明区北沿公路 3398 号（新海农场）	崇明分公司
前卫加油站	蔡 森	控股	四级	上海市崇明区长兴岛丰福路 899 号	崇明分公司

第五节　先进集体和先进个人名单

一、行业、上级及地方主要荣誉（先进集体）

授予年限	颁奖单位	荣誉称号	获奖单位/部门
2014年	国务院国有资产监督管理委员会	中央企业管理提升活动先进集体	上海销售分公司
2014年	集团公司	信息化工作先进单位	上海销售分公司
2014年	集团公司	质量、计量、标准化管理先进单位	上海销售分公司
2014年	集团公司	统计工作先进单位	上海销售分公司
2014年	集团公司	五四红旗团委	上海销售分公司团委
2014年	集团公司	办公室系统先进集体	总经理办公室（党委办公室）
2014年	集团公司	先进基层党支部	浦东分公司党支部
2014年	集团公司	五四红旗团支部	崇明分公司第三团支部
2014年	集团公司	绿色基层队（站）	杨思加油站
2014年	集团公司	绿色基层队（站）	嘉定第四加油站
2014年	集团公司	节能节水先进基层单位	三新加油站
2014年	中国石油报社	先进报道组	上海销售分公司报道组
2014年	中国石油和化学工业联合会	全国石油和化工行业责任关怀最佳实践单位	上海销售分公司
2014年	上海市	工人先锋号	振兴加油站
2014年	上海市	青年文明号	振兴加油站
2014年	上海市	青年文明号	人民西路加油站
2014年	上海市	青年文明号	虹莘梅莘加油站
2014年	上海市	青年文明号	延平路加油站
2014年	上海市	青年文明号	中春路加油站
2014年	共青团上海市委员会	重大工程立功竞赛优秀集体	盛东加油站

授予年限	颁奖单位	荣誉称号	获奖单位/部门
2014年	共青团上海市委员会	优秀青年突击队	杨思加油站
2014年	共青团上海市委员会	"青春耀浦江、建功大上海"优秀突击队	申港加油站
2014年	中共上海市经济和信息化工作委员会	效能监察优秀案例征集工作积极组织单位	上海销售分公司
2014年	中共上海市经济和信息化工作委员会	五四红旗团支部	浦西分公司第二团支部
2014年	中共上海市经济和信息化工作委员会	优秀青年突击队	振兴加油站
2014年	中共上海市经济和信息化工作委员会	优秀青年突击队	凯燕自助加油站
2014年	中共上海市经济和信息化工作委员会	优秀青年突击队	宝嘉分公司信息平台项目
2014年	中共上海市经济和信息化工作委员会	优秀青年突击队	崇明第四加油站
2014年	上海市治安总队	治安合格单位先进集体	海滨油库保卫科
2014年	上海市治安总队	优秀治安信息员	高盈星浦加油站
2014年	上海市工商局	诚信加油站	绿中加油站
2014年	上海市公安局	治安保卫先进集体	上中路加油站
2014年	上海市公安局杨浦分局	杨浦区治安保卫2014年度先进集体	中油华鑫公司
2014年	上海市浦东新区综治委	平安单位	申港加油站
2015年	集团公司	环境保护先进企业	上海销售分公司
2015年	集团公司	统计先进单位	上海销售分公司
2015年	集团公司	绿色基层队（站）	崇明南门加油站
2015年	集团公司	节能节水先进基层单位	莘庄工业区加油站
2015年	股份公司	中国石油标杆加油站	虹莘梅莘加油站
2015年	销售公司	人气百强便利店	液宝加油站
2015年	上海市公安局	治安合格单位	上海销售分公司
2015年	上海市总工会	2010—2014年度模范集体	杨思加油站

授予年限	颁奖单位	荣誉称号	获奖单位/部门
2015年	上海市妇女联合会	巾帼文明岗	成品油检验中心
2015年	上海市妇女联合会	巾帼文明岗	嘉定第四加油站
2015年	上海市连锁经营协会	市民信任连锁店	人民西路加油站
2015年	上海市连锁经营协会	市民信任连锁店	徐浦加油站
2015年	上海市连锁经营协会	市民信任连锁店	金山第二加油站
2015年	上海市连锁经营协会	市民信任连锁店	乐都加油站
2015年	上海市连锁经营协会	市民信任连锁店	嘉松加油站
2015年	上海市连锁经营协会	市民信任连锁店	崇明第八加油站
2015年	共青团上海市委员会	上海市经信系统青年大赛优秀组织奖	上海销售分公司团委
2015年	中共上海市经济和信息化工作委员会	模范职工小家	浦西分公司
2015年	中共上海市经济和信息化工作委员会	模范职工小家	嘉定第一加油站
2015年	中共上海市经济和信息化工作委员会	模范职工小家	海滨油库
2016年	集团公司	环境保护先进企业	上海销售分公司
2016年	集团公司	统计工作先进单位	上海销售分公司
2016年	集团公司	财务报告先进单位	上海销售分公司
2016年	集团公司	2013—2015年度财务工作先进集体	财务处
2016年	集团公司	五四红旗团支部	浦东分公司团总支
2016年	集团公司	节能节水先进基层单位	中春路加油站
2016年	集团公司	环保绿色基层库站	金海路加油站
2016年	集团公司	青年文明号	虹莘梅莘加油站
2016年	集团公司	先进基层党组织	宝嘉分公司党支部
2016年	上海销售分公司	百座示范加油站	振兴加油站
2016年	上海销售分公司	营销金点子奖	浦东分公司
2016年	上海销售分公司	营销金点子奖	奉金分公司
2016年	共青团上海市委员会	青年文明号	常德路加油站
2016年	共青团上海市委员会	青年突击队	盛东加油站

续表

授予年限	颁奖单位	荣誉称号	获奖单位/部门
2016年	上海市文明办	市民"我最喜爱的加油站"	振兴加油站
2016年	上海市文明办	市民"我最喜爱的加油站"	上中路加油站
2016年	中共上海市经济和信息化工作委员会	五四红旗团委	上海销售分公司团委
2016年	中共上海市经济和信息化工作委员会	优秀青年突击队	盛东加油站
2016年	上海市浦东新区	浦东新区商业统计工作先进集体	营销处
2017年	集团公司	环境保护先进单位	上海销售分公司
2017年	集团公司	办公室系统先进集体	总经理办公室（党委办公室）
2017年	集团公司	统计工作先进集体	营销处
2017年	集团公司	铁人先锋号	振兴加油站
2017年	集团公司	绿色基层库站	金海路加油站
2017年	集团公司	节能节水先进基层单位	中春路加油站
2017年	上海销售分公司	价值创造梦之队	营销处
2017年	上海销售分公司	网络开发先进团队	投资建设管理处
2017年	上海销售分公司	工程先进创新集体	投资建设管理处
2017年	上海销售分公司	工程建设优秀团队	浦东分公司
2017年	中国连锁经营协会	CCFA 中国便利店金牌门店	振兴加油站
2017年	全国"安康杯"竞赛组委会办公室	安全文化宣传先进单位	上海销售分公司
2017年	上海市人民政府	2015—2016 年度文明单位	上海销售分公司
2017年	上海市妇女联合会	巾帼文明岗	人民西路加油站
2017年	共青团上海市委员会	青年文明号	常德路加油站
2017年	共青团上海市委员会	青年文明号	盛东加油站
2017年	上海市市总工会	劳模创新工作室	刘国超创新工作室
2017年	上海市公安局治安总队	上海市企事业单位治安保卫先进集体	上海销售分公司
2017年	上海市公安局治安总队	上海市治安安全合格单位	上海销售分公司
2017年	中共上海市经济和信息化工作委员会	五四红旗团委	上海销售分公司团委

续表

授予年限	颁奖单位	荣誉称号	获奖单位/部门
2017年	中共上海市经济和信息化工作委员会	模范职工之家	浦东分公司
2017年	中共上海市经济和信息化工作委员会	模范职工之家	中油同盛公司
2017年	中共上海市经济和信息化工作委员会	党支部建设示范点	嘉定南区党支部
2017年	上海市浦东新区	浦东新区文明单位	中油同盛公司
2017年	上海市青浦区	青浦区港航诚信企业	中油同盛公司
2018年	集团公司	2018年度安全环保先进单位	上海销售分公司
2018年	集团公司	2015—2017年度优秀纪律审查组	审计监察处
2018年	集团公司	十大标杆加油站	常德路加油站
2018年	集团公司	2017年度节能节水先进基层单位	丰福路加油站
2018年	集团公司办公厅	2013—2018年资本运营工作先进单位	企业管理处
2018年	集团公司规划计划部	统计工作先进集体	营销处
2018年	集团公司规划计划部	统计工作先进单位	投资建设管理处
2018年	集团公司物资装备部	首届中国国际进口博览会参展工作先进单位	总经理办公室（党委办公室）
2018年	上海销售分公司	第三届加油站经理论坛"优秀组织奖"	加油站管理处
2018年	全国"安康杯"竞赛组委会办公室	安全文化宣传工作先进单位	质量安全环保处
2018年	上海市妇女联合会	巾帼创新工作室	人民西路加油站
2018年	中共上海市委组织部	优秀党员示范岗	浦西北区党支部
2018年	上海市公安局治安总队	治安保卫先进集体	上海销售分公司
2018年	上海市精神文明办	首届进博会"最美服务窗口"	嘉定第四加油站
2018年	上海市商务委员会商贸行业	商业信息暨市场运行监测工作先进集体	营销处
2018年	中共上海市经济和信息化工作委员会	系统工会"年度审计工作台账二等奖"	上海销售分公司工会
2018年	中共上海市经济和信息化工作委员会	上海市经信系统技能竞赛"优秀组织奖"	上海销售分公司团委
2018年	中共上海市经济和信息化工作委员会	巾帼创新工作室	人民西路加油站

续表

授予年限	颁奖单位	荣誉称号	获奖单位/部门
2018年	中共上海市经济和信息化工作委员会	最美服务窗口	振兴加油站
2018年	中共上海市经济和信息化工作委员会	最美服务窗口	上中路加油站
2018年	中共上海市经济和信息化工作委员会	巾帼创新工作室	嘉定第四加油站
2018年	上海市企业诚信创建活动组委会	诚信创建企业	上中路加油站
2018年	上海市奉贤区	生产先进单位	奉金分公司

二、行业、上级及地方主要荣誉（先进个人）

授予年限	颁奖单位	荣誉称号	获奖个人
2014年	集团公司	办公室系统先进个人	夏飒飒
2014年	集团公司	管理提升活动先进个人	李文斌
2014年	集团公司	环境保护先进个人	于 泳
2014年	集团公司	环境保护先进个人	孙爱民
2014年	集团公司	安全生产先进个人	任晓翔
2014年	集团公司	节能节水先进个人	侯 晋
2014年	集团公司	HSE 管理系统先进个人	华 新
2014年	集团公司	质量、计量、标准化管理先进个人	李新颖
2014年	集团公司	质量、计量、标准化技术创新先进个人	董庚申
2014年	集团公司	优秀党务工作者	李 成
2014年	集团公司	优秀党员	刘国超
2014年	集团公司	优秀团干部	苏国明
2014年	集团公司人事部	《中国石油组织史资料》编纂先进个人	李长展
2014年	上海销售分公司	计量管理先进个人	王陈云
2014年	上海销售分公司	质量管理先进个人	赵小平
2014年	中国石油报社	优秀通讯员	邹春艳
2014年	共青团上海市委员会	优秀青年突击队员	王喜庆
2014年	共青团上海市委员会	优秀共青团员	苏国明
2014年	上海市公安局治安总队	治安保卫先进个人	徐千才

续表

授予年限	颁奖单位	荣誉称号	获奖个人
2014年	上海市公安局治安总队	治安保卫先进个人	王日光
2014年	上海市公安局治安总队	上海市平安志愿者	朱小麟
2014年	上海市公安局治安总队	上海市平安志愿者	穆伟建
2014年	上海市公安局治安总队	上海市平安志愿者	徐利春
2014年	中共上海市经济和信息化工作委员会	优秀团员	庞若煜
2014年	中共上海市经济和信息化工作委员会	优秀团员	李文韬
2014年	中共上海市经济和信息化工作委员会	优秀团干部	顾美群
2014年	上海市连锁经营协会	连锁经营20年金锁店长	赵 兰
2014年	上海市连锁经营协会	连锁业金锁店长	赵慧娣
2014年	上海市连锁经营协会	连锁业金锁店长	翟吟红
2014年	上海市连锁经营协会	连锁业金锁店长	邬阳波
2014年	上海市水上公安局	上海亚信峰会安保工作先进个人	朱化勇
2014年	上海市奉贤区	安全先进个人	葛 洌
2015年	集团公司	特等劳模	刘国超
2015年	集团公司	优秀青年	刘国超
2015年	集团公司	规划计划工作先进个人	梅红卿
2015年	集团公司	规划计划工作先进个人	徐廉洁
2015年	上海销售分公司	十大模范经理人	郭小明
2015年	上海销售分公司	十大模范加油站经理人	张 猛
2015年	上海销售分公司	昆仑好客优秀员工	王欢欢
2015年	上海市总工会	2010—2014年度劳动模范	刘国超
2015年	共青团上海市委员会	青年岗位能手	李 钢
2015年	共青团上海市委员会	优秀团员	庞若煜
2015年	上海市公安局治安总队	治安保卫先进个人	袁 全
2015年	中共上海市经济和信息化工作委员会	青年岗位能手	王喜庆

续表

授予年限	颁奖单位	荣誉称号	获奖个人
2015年	中共上海市经济和信息化工作委员会	青年岗位能手	王秀峰
2015年	中共上海市经济和信息化工作委员会	优秀工会工作者	梁士民
2015年	中共上海市经济和信息化工作委员会	优秀工会积极分子	杜　琳
2015年	上海市连锁经营协会	连锁业金锁店长	赵慧娣
2015年	上海市连锁经营协会	连锁业金锁店长	翟吟红
2016年	集团公司	安全管理先进个人	张文轩
2016年	集团公司	环境保护先进个人	于　泳
2016年	集团公司	安全生产先进个人	华　新
2016年	集团公司	节能节水先进个人	侯　晋
2016年	集团公司	"十二五"财税价格工作先进个人	李洁辉
2016年	集团公司	"十三五"规划工作先进个人	刘　莉（投资建设管理处）
2016年	集团公司	2013—2015年度财务工作先进个人	金建清
2016年	集团公司	2013—2016年度财务工作先进个人	郑雪峰
2016年	集团公司	2013—2017年度财务工作先进个人	杨　勇
2016年	集团公司	优秀共产党员	刘宏伟
2016年	集团公司	优秀党务工作者	毛福胜
2016年	集团公司	优秀共青团员	王欢欢
2016年	上海销售分公司	百名功勋加油站经理	刘国超
2016年	上海销售分公司	百名功勋加油站经理	金玉杰
2016年	上海销售分公司	百名功勋加油站经理	王喜庆
2016年	上海销售分公司	百名明星加油站经理	张　猛
2016年	上海销售分公司	十大感动人物	袁婷婷
2016年	上海销售分公司	"十二五"期间优秀培训师	梁历辉
2016年	上海销售分公司	"十二五"期间优秀培训师	夏　辉

续表

授予年限	颁奖单位	荣誉称号	获奖个人
2016年	上海销售分公司	"十二五"期间优秀考评员	张志华
2016年	上海销售分公司	"十二五"期间优秀考评员	李 钢
2016年	全国"安康杯"竞赛组委会办公室	全国"安康杯"先进个人	张洪军
2016年	全国"安康杯"竞赛组委会办公室	全国"安康杯"先进个人	华 新
2016年	上海市	优秀团干部	顾美群
2016年	中共上海市经济和信息化工作委员会	优秀共产党员	张 猛
2016年	中共上海市经济和信息化工作委员会	优秀共青团干部	田一鸣
2016年	中共上海市经济和信息化工作委员会	优秀共青团员	许 燕
2016年	中共上海市经济和信息化工作委员会	优秀共青团员	戴 通
2016年	中共上海市经济和信息化工作委员会	信息工作先进个人	李文韬
2016年	上海市奉贤区	燃气行业先进个人	李惜时
2017年	集团公司	优秀青年	刘国超
2017年	集团公司	组织史资料编撰工作先进个人	宋君义
2017年	集团公司	办公室系统先进个人	狄 蓓
2017年	集团公司	环境保护先进个人	孙爱民
2017年	集团公司	孝亲敬老好儿女	施近菊
2017年	集团公司人事部	企业年金工作先进个人	王 晖
2017年	集团公司规划计划部	统计工作先进个人	姚 桢
2017年	集团公司规划计划部	统计工作先进个人	徐廉洁
2017年	集团公司规划计划部	统计工作先进个人	章 婕
2017年	集团公司质量安全环保部	安全生产先进个人	张文轩
2017年	集团公司质量安全环保部	安全生产先进个人	于 泳
2017年	集团公司质量安全环保部	安全生产先进个人	华 新

续表

授予年限	颁奖单位	荣誉称号	获奖个人
2017年	上海销售分公司	工程建设先进个人	李海生
2017年	上海销售分公司	工程建设先进个人	梅红卿
2017年	上海销售分公司	规划先进工作者	刘　莉（投资建设管理处）
2017年	上海销售分公司	网络开发先进工作者	代永强
2017年	上海销售分公司	计划先进工作者	徐廉洁
2017年	上海销售分公司	工程建设先进工作者	曾国平
2017年	中国连锁经营协会	CCFA中国便利店金牌店长	苏国明
2017年	全国"安康杯"竞赛组委会办公室	全国"安康杯"安全文化宣传先进个人	王　冰
2017年	上海市总工会	五一劳动奖章	袁婷婷
2017年	上海市妇女联合会	巾帼文明标兵	鲁　叶
2017年	共青团上海市委员会	青年五四奖章	张　猛
2017年	共青团上海市委员会	青年岗位能手	王喜庆
2017年	上海市公安局治安总队	上海市企事业单位治安保卫先进个人	安明珠
2017年	中共上海市经济和信息化工作委员会	优秀团员	许湘陵子
2017年	中共上海市经济和信息化工作委员会	优秀团员	常　浩
2017年	中共上海市经济和信息化工作委员会	优秀团干部	王　冰
2017年	中共上海市经济和信息化工作委员会	信息工作先进个人	李文韬
2017年	上海市奉贤区	燃气行业先进个人	宋　铮
2018年	集团公司	首届中国国际进口博览会参展工作先进个人	杨志才
2018年	集团公司	首届中国国际进口博览会参展工作先进个人	戴　鹏
2018年	集团公司	首届中国国际进口博览会参展工作先进个人	夏飒飒

续表

授予年限	颁奖单位	荣誉称号	获奖个人
2018年	集团公司	首届中国国际进口博览会参展工作先进个人	狄 蓓
2018年	集团公司	首届中国国际进口博览会参展工作先进个人	李 江
2018年	集团公司	首届中国国际进口博览会参展工作先进个人	安明珠
2018年	集团公司	质量管理先进个人	董庚申
2018年	集团公司	安全生产先进个人	华 新
2018年	集团公司	法律工作先进个人	孔祥桥
2018年	集团公司	2018年度优秀统计分析二等奖	姚 桢
2018年	集团公司	第三届新媒体内容创作大赛漫画类一等奖	王日光
2018年	集团公司	第三届新媒体内容创作大赛其他作品类三等奖	李文韬
2018年	上海销售分公司	投资与工程建设工作先进个人	代永强
2018年	上海销售分公司	百名功勋站经理	王永利
2018年	上海销售分公司	百名功勋站经理	袁婷婷
2018年	上海销售分公司	十大创新标兵	苏国明
2018年	上海销售分公司	十大模范客户经理	张建坤
2018年	上海销售分公司	十大便利店主管	汪 丽
2018年	上海销售分公司	第三届加油站经理论坛主题论坛演讲二等奖	王永利
2018年	上海销售分公司	第三届加油站经理论坛主题论坛演讲三等奖	苏国明
2018年	全国"安康杯"竞赛组委会办公室	全国"安康杯"安全文化宣传先进个人	王 冰
2018年	上海市	五一劳动奖章	苏国明
2018年	上海市商务委员会	商贸行业商业信息暨市场运行监测工作先进个人一等奖	姚 桢
2018年	中共上海市经济和信息化工作委员会	工会财务工作先进个人	侯玉鑫

授予年限	颁奖单位	荣誉称号	获奖个人
2018年	中共上海市经济和信息化工作委员会	信息工作先进个人	狄 蓓
2018年	中共上海市经济和信息化工作委员会	进博会保障优秀共产党员	王永利
2018年	上海市徐汇区	治安保卫先进个人	王喜庆
2018年	上海市奉贤区	安全生产先进个人	方 华

三、上海销售分公司级主要荣誉（先进集体）

授予年限	荣誉称号	获奖单位/部门
2014年	先进单位	加油站管理处
2014年	先进单位	仓储调运处
2014年	先进单位	人事处（党委组织部）
2014年	先进单位	非油品业务处
2014年	先进单位	浦东分公司
2014年	先进单位	浦西分公司
2014年	先进单位	中油奉贤公司
2014年	标杆加油站	振兴加油站
2014年	标杆加油站	凌桥第二加油站
2014年	标杆加油站	昕鑫加油站
2014年	标杆加油站	济阳加油站
2014年	标杆加油站	虹莘梅莘加油站
2014年	标杆加油站	莘庄加油站
2014年	标杆加油站	普陀第一加油站
2014年	标杆加油站	金朝加油站
2014年	标杆加油站	平安加油站
2014年	标杆加油站	嘉定第二加油站
2014年	标杆加油站	嘉定第四加油站
2014年	标杆加油站	方皇加油站

续表

授予年限	荣誉称号	获奖单位/部门
2014年	标杆加油站	三新加油站
2014年	标杆加油站	崇明第十四加油站
2014年	标杆加油站	海永加油站
2014年	标杆加油站	奉贤第一加油站
2014年	标杆加油站	康桥加油站
2014年	标杆加油站	不夜城加油站
2014年	标杆加油站	周祝加油站
2014年	标杆油库	汇龙油库
2014年	先进党支部	浦东分公司党支部
2014年	先进党支部	宝嘉分公司党支部
2014年	先进党支部	机关第二党支部
2015年	先进单位	浦东分公司
2015年	先进单位	松青分公司
2015年	先进单位	中油同盛公司
2015年	先进单位	中油奉贤公司
2015年	先进单位	仓储调运处
2015年	先进单位	质量安全环保处
2015年	先进单位	非油品业务处
2015年	先进单位	加油站管理处
2015年	标杆加油站	振兴加油站
2015年	标杆加油站	杨思加油站
2015年	标杆加油站	人民西路加油站
2015年	标杆加油站	昕鑫加油站
2015年	标杆加油站	济阳加油站
2015年	标杆加油站	力胜加油站
2015年	标杆加油站	常德路加油站
2015年	标杆加油站	华浦加油站

授予年限	荣誉称号	获奖单位/部门
2015年	标杆加油站	虹莘梅莘加油站
2015年	标杆加油站	平安加油站
2015年	标杆加油站	鸿石加油站
2015年	标杆加油站	金山第三加油站
2015年	标杆加油站	四岔口加油站
2015年	标杆加油站	松江第二加油站
2015年	标杆加油站	嘉定第四加油站
2015年	标杆加油站	嘉松加油站
2015年	标杆加油站	崇明第四加油站
2015年	标杆加油站	崇明第十五加油站
2015年	标杆加油站	中鹏加油站
2015年	标杆加油站	盛东加油站
2015年	标杆加油站	金山农工商加油站
2015年	标杆加油站	康桥加油站
2015年	标杆加油站	纪江加油站
2015年	标杆油库	汇龙油库
2015年	先进党支部	浦东分公司党支部
2015年	先进党支部	宝嘉分公司党支部
2015年	先进党支部	机关第三党支部
2016年	先进单位	浦东分公司
2016年	先进单位	松青分公司
2016年	先进单位	中油农工商公司
2016年	先进单位	中油上海公司
2016年	先进单位	仓储调运处
2016年	先进单位	营销处
2016年	先进单位	投资建设管理处
2016年	先进单位	企业管理处

续表

授予年限	荣誉称号	获奖单位/部门
2016年	先进单位	审计监察处
2016年	标杆加油站	金海路加油站
2016年	标杆加油站	人民西路加油站
2016年	标杆加油站	昕鑫加油站
2016年	标杆加油站	金科加油站
2016年	标杆加油站	徐浦加油站
2016年	标杆加油站	中春路加油站
2016年	标杆加油站	常德路加油站
2016年	标杆加油站	平安加油站
2016年	标杆加油站	塘外加油站
2016年	标杆加油站	金山第四加油站
2016年	标杆加油站	乐都加油站
2016年	标杆加油站	方皇加油站
2016年	标杆加油站	华迪加油站
2016年	标杆加油站	液宝加油站
2016年	标杆加油站	南门路加油站
2016年	标杆加油站	崇明第十五加油站
2016年	标杆加油站	梅山海宁加油站
2016年	标杆加油站	共富加油站
2016年	标杆加油站	奉贤第一加油站
2016年	标杆加油站	盛东加油站
2016年	标杆加油站	安亭加油站
2016年	标杆加油站	绿地加油站
2016年	标杆油库	汇龙油库
2016年	先进党支部	机关第五党支部
2016年	先进党支部	浦东分公司党支部
2016年	先进党支部	中油上海公司党支部

授予年限	荣誉称号	获奖单位/部门
2017年	先进单位	松青分公司
2017年	先进单位	浦东分公司
2017年	先进单位	中油奉贤公司
2017年	先进单位	中油康桥公司
2017年	先进单位	仓储调运处
2017年	先进单位	加油站管理处
2017年	先进单位	投资建设管理处
2017年	先进单位	人事处（党委组织部）
2017年	先进单位	企业管理处
2017年	先进单位	非油品业务处
2017年	标杆加油站	振兴加油站
2017年	标杆加油站	环南加油站
2017年	标杆加油站	泥城加油站
2017年	标杆加油站	人民西路加油站
2017年	标杆加油站	常德路加油站
2017年	标杆加油站	中春路加油站
2017年	标杆加油站	金迈路加油站
2017年	标杆加油站	嘉定第四加油站
2017年	标杆加油站	嘉二嘉三新建管理片区
2017年	标杆加油站	松江第一加油站
2017年	标杆加油站	方皇加油站
2017年	标杆加油站	平安加油站
2017年	标杆加油站	鸿石加油站
2017年	标杆加油站	金山第四加油站
2017年	标杆加油站	丰福路加油站
2017年	标杆加油站	崇明南门管理片区
2017年	标杆加油站	海宁加油站

续表

授予年限	荣誉称号	获奖单位/部门
2017年	标杆加油站	奉贤第一加油站
2017年	标杆加油站	共富加油站
2017年	标杆加油站	申港加油站
2017年	标杆加油站	新场加油站
2017年	标杆油库	海滨油库
2017年	先进党组织	宝嘉分公司党委
2017年	先进党支部	机关第六党支部
2017年	先进党支部	浦东分公司振兴党支部
2017年	先进党支部	宝嘉分公司嘉定南区党支部
2017年	先进党支部	松青分公司青浦党支部
2017年	先进党支部	中油同盛公司党支部
2018年	先进单位	浦东分公司
2018年	先进单位	松青分公司
2018年	先进单位	中油同盛
2018年	先进单位	中油上海
2018年	先进处室	非油品业务处
2018年	先进处室	财务处
2018年	先进处室	总经理办公室（党委办公室）
2018年	先进处室	营销处
2018年	标杆加油站	凌三加油站
2018年	标杆加油站	力胜加油站
2018年	标杆加油站	金海路加油站
2018年	标杆加油站	振兴加油站
2018年	标杆加油站	杨思加油站
2018年	标杆加油站	鹤鸣加油站
2018年	标杆加油站	泥城加油站
2018年	标杆加油站	凌一加油站

续表

授予年限	荣誉称号	获奖单位/部门
2018年	标杆加油站	金迈加油站
2018年	标杆加油站	泾阳加油站
2018年	标杆加油站	常德路加油站
2018年	标杆加油站	上中路加油站
2018年	标杆加油站	莲花南路加油站
2018年	标杆加油站	中春路加油站
2018年	标杆加油站	闵行第一加油站
2018年	标杆加油站	肖塘加油站
2018年	标杆加油站	泾南路加油站
2018年	标杆加油站	金山第二加油站
2018年	标杆加油站	金山第三加油站
2018年	标杆加油站	金山第五加油站
2018年	标杆加油站	金朝加油站
2018年	标杆加油站	方皇加油站
2018年	标杆加油站	松江第二加油站
2018年	标杆加油站	重盈加油站
2018年	标杆加油站	泗砖加油站
2018年	标杆加油站	茸平加油站
2018年	标杆加油站	嘉定第四加油站
2018年	标杆加油站	嘉定第二加油站
2018年	标杆加油站	长鑫加油站
2018年	标杆加油站	勇盛加油站
2018年	标杆加油站	维辉加油站
2018年	标杆加油站	崇明第十三加油站
2018年	标杆加油站	丰富路加油站
2018年	标杆加油站	崇明第二加油站
2018年	标杆加油站	崇明第十四加油站

续表

授予年限	荣誉称号	获奖单位/部门
2018年	标杆加油站	前哨加油站
2018年	标杆加油站	人民塘加油站
2018年	标杆加油站	金山农工商加油站
2018年	标杆加油站	新场加油站
2018年	标杆加油站	茸惠加气站
2018年	标杆油库	海滨油库
2018年	安全生产先进处室	加油站管理处
2018年	安全生产先进单位	崇明分公司
2018年	安全生产先进单位	海滨油库
2018年	安全生产先进单位	松青分公司
2018年	安全生产先进加油站	瓦屑加油站
2018年	安全生产先进加油站	中春路加油站
2018年	安全生产先进加油站	肖塘加油站
2018年	安全生产先进加油站	嘉定第三加油站
2018年	安全生产先进加油站	共富加油站
2018年	安全生产先进加油站	急水港加油站
2018年	安全生产先进加油站	人民西路加油站
2018年	安全生产先进加油站	松江第三加油站
2018年	安全生产先进加油站	奉贤第七加油站
2018年	安全生产先进加油站	安亭加油站
2018年	先进基层党委	宝嘉分公司党委
2018年	先进党支部	嘉定南区党支部
2018年	先进党支部	浦西北区党支部
2018年	先进党支部	青浦党支部
2018年	先进党支部	中油同盛公司党支部
2018年	先进党支部	机关第三党支部
2018年	服务保障进博突出贡献先进集体	总经理办公室（党委办公室）

授予年限	荣誉称号	获奖单位/部门
2018年	服务保障进博先进集体	加油站管理处
2018年	服务保障进博先进集体	质量安全环保处
2018年	服务保障进博先进集体	党群工作处（企业文化处、党委宣传部）
2018年	服务保障进博先进集体	仓储调运处
2018年	服务保障进博先进集体	企业管理处
2018年	服务保障进博先进集体	振兴加油站
2018年	服务保障进博先进集体	杨思加油站
2018年	服务保障进博先进集体	常德路加油站
2018年	服务保障进博先进集体	中春路加油站
2018年	服务保障进博先进集体	金山第五加油站
2018年	服务保障进博先进集体	肖塘加油站
2018年	服务保障进博先进集体	松青分公司业务运作部
2018年	服务保障进博先进集体	方皇加油站
2018年	服务保障进博先进集体	嘉定第一加油站
2018年	服务保障进博先进集体	丰富路加油站
2018年	服务保障进博先进集体	程虹加油站
2018年	服务保障进博先进集体	申港加油站
2018年	服务保障进博先进集体	中油奉贤公司综合管理部
2018年	服务保障进博先进集体	海滨油库

四、上海销售分公司级主要荣誉（先进个人）

授予年限	荣誉称号	获奖个人
2014年	模范加油站经理	刘国超
2014年	模范加油站经理	金玉杰
2014年	模范加油站经理	卫曾萍
2014年	模范加油站经理	田常松
2014年	模范加油站经理	张　猛

续表

授予年限	荣誉称号	获奖个人
2014年	模范加油站经理	陈玉柱
2014年	模范加油站经理	顾志军
2014年	模范加油站经理	彭美华
2014年	模范加油站经理	鲁　叶
2014年	模范加油站经理	袁婷婷
2014年	模范加油站经理	龚　亮
2014年	模范加油站经理	沈海锋
2014年	模范加油站经理	沈燕华
2014年	模范加油站经理	苗　宁
2014年	模范加油站经理	沈　慧
2014年	模范加油站经理	朱忠兴
2014年	模范加油站经理	邹宁安
2014年	模范加油站经理	乔　玲
2014年	模范加油站经理	唐彩虹
2014年	模范员工	唐海波
2014年	模范员工	孙　帆
2014年	模范员工	丁　峰
2014年	模范员工	李方伟
2014年	模范员工	刘　蓉
2014年	模范员工	徐红琴
2014年	模范员工	蒋庆新
2014年	模范员工	金　虹
2014年	模范员工	罗莉娜
2014年	模范员工	周龙贤
2014年	模范员工	杨　斌
2014年	模范员工	夏云芳
2014年	模范员工	邱周娟

续表

授予年限	荣誉称号	获奖个人
2014年	模范员工	金　梅
2014年	模范员工	杨君芳
2014年	模范员工	陆慧芳
2014年	模范员工	马　英
2014年	模范员工	国庆娟
2014年	模范员工	林晓科
2014年	模范员工	顾学军
2014年	模范员工	马小琴
2014年	模范员工	李　花
2014年	模范员工	左　黎
2014年	模范员工	蒋建雄
2014年	模范员工	吴海娟
2014年	模范员工	施　静
2014年	模范员工	闵雪华
2014年	模范员工	胡　芬
2014年	模范员工	张海强
2014年	模范员工	陈建敏
2014年	模范员工	沈　毅
2014年	模范管理人员	徐国丽
2014年	模范管理人员	钟乾康
2014年	模范管理人员	李亦雪
2014年	模范管理人员	马　卓
2014年	模范管理人员	戴忆南
2014年	模范管理人员	王文敏
2014年	模范管理人员	陈　艳
2014年	模范管理人员	韩秀锋
2014年	模范管理人员	王晓芸

续表

授予年限	荣誉称号	获奖个人
2014年	模范管理人员	薛克鑫
2014年	模范管理人员	张航宇
2014年	模范管理人员	罗向明
2014年	模范管理人员	邹庆利
2014年	模范管理人员	倪紫辉
2014年	模范管理人员	徐延龙
2014年	模范管理人员	顾　刚
2014年	模范管理人员	梅红卿
2014年	模范管理人员	付志明
2014年	模范管理人员	忻柏林
2014年	模范油库主任	张　戈
2014年	优秀共产党员	王红伟
2014年	优秀共产党员	王明彩
2014年	优秀共产党员	袁　芬
2014年	优秀共产党员	王树国
2014年	优秀共产党员	张　猛
2014年	优秀共产党员	顾美群
2014年	优秀共产党员	王树堂
2014年	优秀共产党员	马　卓
2014年	优秀共产党员	袁婷婷
2014年	优秀共产党员	杨鑫楠
2014年	优秀共产党员	王　书
2014年	优秀共产党员	刘志忠
2014年	优秀共产党员	李雪波
2014年	优秀共产党员	钟明宇
2014年	优秀共产党员	丑　婧
2014年	优秀共产党员	代永强

续表

授予年限	荣誉称号	获奖个人
2014年	优秀共产党员	姚裕华
2014年	优秀共产党员	王　磊
2014年	优秀共产党员	石光举
2014年	优秀共产党员	饶晓梅
2014年	优秀共产党员	文　阳
2014年	优秀党务工作者	邓生长
2014年	优秀党务工作者	陈　强
2014年	优秀党务工作者	姜东明
2014年	优秀党务工作者	崔如娜
2014年	优秀党务工作者	朱　江
2014年	优秀党务工作者	田一鸣
2014年	优秀党务工作者	邹春艳
2014年	优秀党务工作者	李全明
2014年	优秀党务工作者	宋根建
2014年	优秀党务工作者	孙永会
2014年	优秀党务工作者	徐延龙
2014年	优秀党务工作者	宋君义
2014年	优秀党务工作者	付志明
2014年	优秀党务工作者	孙雅丽
2015年	模范加油站经理	刘国超
2015年	模范加油站经理	李孝军
2015年	模范加油站经理	黄小英
2015年	模范加油站经理	董　帅
2015年	模范加油站经理	祁燕敏
2015年	模范加油站经理	年文俊
2015年	模范加油站经理	洪　赫
2015年	模范加油站经理	沈　洁

续表

授予年限	荣誉称号	获奖个人
2015年	模范加油站经理	何惠娟
2015年	模范加油站经理	朱君萍
2015年	模范加油站经理	许梅珍
2015年	模范加油站经理	王　书
2015年	模范加油站经理	袁婷婷
2015年	模范加油站经理	周巧珍
2015年	模范加油站经理	赵　莉
2015年	模范加油站经理	沈　慧
2015年	模范加油站经理	龚建红
2015年	模范加油站经理	王　勇
2015年	模范加油站经理	卫　群
2015年	模范加油站经理	周　芳
2015年	模范加油站经理	陈燕琴
2015年	模范员工	兰　申
2015年	模范员工	陈　洁
2015年	模范员工	詹娟娟
2015年	模范员工	唐海波
2015年	模范员工	孙　嘉
2015年	模范员工	周贵玉
2015年	模范员工	金　虹
2015年	模范员工	周龙贤
2015年	模范员工	俞　岚
2015年	模范员工	卞梅祥
2015年	模范员工	赵巧凤
2015年	模范员工	钱芳英
2015年	模范员工	张欢贤
2015年	模范员工	张菊花

续表

授予年限	荣誉称号	获奖个人
2015年	模范员工	宫 欣
2015年	模范员工	陆晓红
2015年	模范员工	徐华丽
2015年	模范员工	朱佩娟
2015年	模范员工	吕玉群
2015年	模范员工	顾 娣
2015年	模范员工	朱立琴
2015年	模范员工	顾兰芳
2015年	模范员工	鞠文花
2015年	模范员工	朱 贤
2015年	模范员工	夏玉婷
2015年	模范员工	王美华
2015年	模范员工	杨效兴
2015年	模范员工	董庚申
2015年	模范管理人员	夏冬梅
2015年	模范管理人员	王红伟
2015年	模范管理人员	王 丹
2015年	模范管理人员	阮谢丹
2015年	模范管理人员	杨鑫楠
2015年	模范管理人员	王日光
2015年	模范管理人员	丁一平
2015年	模范管理人员	高 鹏
2015年	模范管理人员	韩 奕
2015年	模范管理人员	吴丽萍
2015年	模范管理人员	饶晓梅
2015年	模范管理人员	郭 颉
2015年	模范管理人员	邹庆利

续表

授予年限	荣誉称号	获奖个人
2015年	模范管理人员	赵之龙
2015年	模范管理人员	李雪波
2015年	模范管理人员	华　新
2015年	模范管理人员	杨　勇
2015年	模范管理人员	梅红卿
2015年	模范管理人员	姚裕华
2015年	模范管理人员	李　彦
2015年	模范油库主任	张　戈
2015年	优秀共产党员	周方丽
2015年	优秀共产党员	韩福华
2015年	优秀共产党员	盛燕燕
2015年	优秀共产党员	胥卫东
2015年	优秀共产党员	张　猛
2015年	优秀共产党员	方　华
2015年	优秀共产党员	刘建龙
2015年	优秀共产党员	宋桂华
2015年	优秀共产党员	许梅珍
2015年	优秀共产党员	周巧珍
2015年	优秀共产党员	王日光
2015年	优秀共产党员	沈　慧
2015年	优秀共产党员	曲　亮
2015年	优秀共产党员	徐延龙
2015年	优秀共产党员	郑雪峰
2015年	优秀共产党员	梁历辉
2015年	优秀共产党员	许丽君
2015年	优秀共产党员	谢小鹏
2015年	优秀共产党员	李惜时

续表

授予年限	荣誉称号	获奖个人
2015年	优秀共产党员	施 娟
2015年	优秀共产党员	石光举
2015年	优秀共产党员	陈何庆
2015年	优秀共产党员	文 阳
2015年	优秀共产党员	李 刚
2015年	优秀党务工作者	丁 凤
2015年	优秀党务工作者	王 丹
2015年	优秀党务工作者	葛 洌
2015年	优秀党务工作者	张洪军
2015年	优秀党务工作者	孔祥桥
2015年	优秀党务工作者	田一鸣
2015年	优秀党务工作者	杨永刚
2015年	优秀党务工作者	王 玫
2015年	优秀党务工作者	袁玉丹
2015年	优秀党务工作者	朱 虹
2015年	优秀党务工作者	狄 蓓
2015年	优秀党务工作者	张 楠
2015年	优秀党务工作者	邹春艳
2016年	模范加油站经理	黄小英
2016年	模范加油站经理	贾晓哲
2016年	模范加油站经理	黄海英
2016年	模范加油站经理	俞雪云
2016年	模范加油站经理	张 猛
2016年	模范加油站经理	王喜庆
2016年	模范加油站经理	年文俊
2016年	模范加油站经理	何惠娟
2016年	模范加油站经理	沈云龙

续表

授予年限	荣誉称号	获奖个人
2016年	模范加油站经理	朱君萍
2016年	模范加油站经理	王　刚
2016年	模范加油站经理	王　书
2016年	模范加油站经理	袁婷婷
2016年	模范加油站经理	伍宣华
2016年	模范加油站经理	张　霞
2016年	模范加油站经理	蔡　森
2016年	模范加油站经理	郑友伦
2016年	模范加油站经理	干凤琴
2016年	模范加油站经理	朱忠兴
2016年	模范加油站经理	王　勇
2016年	模范加油站经理	张墨香
2016年	模范加油站经理	周　芳
2016年	模范员工	李春云
2016年	模范员工	金　鑫
2016年	模范员工	丁　峰
2016年	模范员工	陈晓青
2016年	模范员工	张春梅
2016年	模范员工	李月勤
2016年	模范员工	金　虹
2016年	模范员工	曹　红
2016年	模范员工	罗莉娜
2016年	模范员工	潘春华
2016年	模范员工	王卫琴
2016年	模范员工	潘　旭
2016年	模范员工	杨君芳
2016年	模范员工	施　燕

续表

授予年限	荣誉称号	获奖个人
2016年	模范员工	齐建华
2016年	模范员工	杨 欢
2016年	模范员工	陶 晔
2016年	模范员工	孔凡玉
2016年	模范员工	国庆娟
2016年	模范员工	任 美
2016年	模范员工	曹 燕
2016年	模范员工	尤小伟
2016年	模范员工	徐 利
2016年	模范员工	王 红
2016年	模范员工	翟吟红
2016年	模范员工	张海黎
2016年	模范员工	董庚申
2016年	模范管理人员	孙爱民
2016年	模范管理人员	喻 莹
2016年	模范管理人员	王树国
2016年	模范管理人员	钮晓军
2016年	模范管理人员	王勇帅
2016年	模范管理人员	王日光
2016年	模范管理人员	田一鸣
2016年	模范管理人员	姜泰亨
2016年	模范管理人员	陆粉妹
2016年	模范管理人员	沈海锋
2016年	模范管理人员	王珺玮
2016年	模范管理人员	朱欣艺
2016年	模范管理人员	文 阳
2016年	模范管理人员	蒋志刚

续表

授予年限	荣誉称号	获奖个人
2016年	模范管理人员	华　新
2016年	模范管理人员	沈　强
2016年	模范管理人员	曾国平
2016年	模范管理人员	马景波
2016年	模范管理人员	徐艳冰
2016年	模范油库主任	张　戈
2016年	优秀共产党员	王红伟
2016年	优秀共产党员	戴　鹏
2016年	优秀共产党员	金　鑫
2016年	优秀共产党员	严剑英
2016年	优秀共产党员	顾志军
2016年	优秀共产党员	王喜庆
2016年	优秀共产党员	顾美群
2016年	优秀共产党员	王树堂
2016年	优秀共产党员	方　华
2016年	优秀共产党员	宋桂华
2016年	优秀共产党员	王　书
2016年	优秀共产党员	沈燕华
2016年	优秀共产党员	王日光
2016年	优秀共产党员	刘存海
2016年	优秀共产党员	高晓伟
2016年	优秀共产党员	龚　亮
2016年	优秀共产党员	迟　涛
2016年	优秀共产党员	刘志忠
2016年	优秀共产党员	蒋志刚
2016年	优秀共产党员	华　新
2016年	优秀共产党员	黄　婧

续表

授予年限	荣誉称号	获奖个人
2016年	优秀共产党员	刘　莉
2016年	优秀共产党员	李文斌
2016年	优秀共产党员	李　彦
2016年	优秀共产党员	邹宁安
2016年	优秀共产党员	吴建新
2016年	优秀共产党员	张加成
2016年	优秀共产党员	白莲玉
2016年	优秀共产党员	周建军
2016年	优秀党务工作者	邓生长
2016年	优秀党务工作者	王文敏
2016年	优秀党务工作者	刘建龙
2016年	优秀党务工作者	张洪军
2016年	优秀党务工作者	崔如娜
2016年	优秀党务工作者	张国友
2016年	优秀党务工作者	高　明
2016年	优秀党务工作者	郑雪峰
2016年	优秀党务工作者	李海生
2016年	优秀党务工作者	田小洲
2016年	优秀党务工作者	刘　斌
2016年	优秀党务工作者	万丽英
2016年	优秀党务工作者	邹春艳
2016年	优秀党务工作者	刘仲凯
2017年	模范加油站经理	田常松
2017年	模范加油站经理	钱玉清
2017年	模范加油站经理	王明彩
2017年	模范加油站经理	严剑英
2017年	模范加油站经理	张　猛

续表

授予年限	荣誉称号	获奖个人
2017年	模范加油站经理	王喜庆
2017年	模范加油站经理	洪　赫
2017年	模范加油站经理	龚　亮
2017年	模范加油站经理	周巧珍
2017年	模范加油站经理	沈海锋
2017年	模范加油站经理	袁月生
2017年	模范加油站经理	鲁　叶
2017年	模范加油站经理	何惠娟
2017年	模范加油站经理	张明星
2017年	模范加油站经理	蔡　森
2017年	模范加油站经理	黄尚忠
2017年	模范加油站经理	劳志刚
2017年	模范加油站经理	干凤琴
2017年	模范加油站经理	龚　丹
2017年	模范加油站经理	施雪梅
2017年	模范加油站经理	乔　玲
2017年	模范员工	胡立威
2017年	模范员工	史宇轩
2017年	模范员工	梁昌平
2017年	模范员工	盛燕燕
2017年	模范员工	张绿燕
2017年	模范员工	冯琴
2017年	模范员工	须向红
2017年	模范员工	徐　昇
2017年	模范员工	胡　敏
2017年	模范员工	涂小群
2017年	模范员工	杜　慧

续表

授予年限	荣誉称号	获奖个人
2017年	模范员工	蔡卫娟
2017年	模范员工	徐 洁
2017年	模范员工	罗雅芬
2017年	模范员工	罗莲花
2017年	模范员工	倪 斌
2017年	模范员工	平 超
2017年	模范员工	王 芳
2017年	模范员工	钟夏萍
2017年	模范员工	沈菊花
2017年	模范员工	陈翔宇
2017年	模范员工	吴海娟
2017年	模范员工	朱立琴
2017年	模范员工	黄星炜
2017年	模范员工	黄茶英
2017年	模范员工	石 唯
2017年	模范管理人员	陈昕昕
2017年	模范管理人员	王红伟
2017年	模范管理人员	王树国
2017年	模范管理人员	马 卓
2017年	模范管理人员	金建清
2017年	模范管理人员	潘 耀
2017年	模范管理人员	诸 伟
2017年	模范管理人员	朱 莉
2017年	模范管理人员	胡婵颖
2017年	模范管理人员	李亚鹏
2017年	模范管理人员	李珩洲
2017年	模范管理人员	陈何庆

续表

授予年限	荣誉称号	获奖个人
2017年	模范管理人员	付志明
2017年	模范管理人员	杜 琳
2017年	模范管理人员	夏飒飒
2017年	模范管理人员	任晓翔
2017年	模范管理人员	赵 炜
2017年	模范管理人员	梁历辉
2017年	模范油库主任	王加麟
2017年	优秀共产党员	高 放
2017年	优秀共产党员	王 冰
2017年	优秀共产党员	周 远
2017年	优秀共产党员	徐丽萍
2017年	优秀共产党员	陆国胜
2017年	优秀共产党员	李 江
2017年	优秀共产党员	喻 莹
2017年	优秀共产党员	王明彩
2017年	优秀共产党员	袁 芬
2017年	优秀共产党员	焦丽芳
2017年	优秀共产党员	王喜庆
2017年	优秀共产党员	张 猛
2017年	优秀共产党员	王 刚
2017年	优秀共产党员	曹 泓
2017年	优秀共产党员	鲁 叶
2017年	优秀共产党员	钱振宇
2017年	优秀共产党员	许梅珍
2017年	优秀共产党员	杨鑫楠
2017年	优秀共产党员	王勇帅
2017年	优秀共产党员	李雨鑫

续表

授予年限	荣誉称号	获奖个人
2017年	优秀共产党员	袁婷婷
2017年	优秀共产党员	秦　秋
2017年	优秀共产党员	张　莉
2017年	优秀共产党员	沈　慧
2017年	优秀共产党员	孙爱民
2017年	优秀共产党员	薛克鑫
2017年	优秀共产党员	孙雅丽
2017年	优秀共产党员	胡婵颖
2017年	优秀共产党员	陈昭阳
2017年	优秀共产党员	谷　政
2017年	优秀党务工作者	任晓翔
2017年	优秀党务工作者	刘　涛
2017年	优秀党务工作者	刘　莉 （投资建设管理处）
2017年	优秀党务工作者	丁　凤
2017年	优秀党务工作者	于　桐
2017年	优秀党务工作者	严鹏飞
2017年	优秀党务工作者	张旭东
2017年	优秀党务工作者	王日光
2017年	优秀党务工作者	田一鸣
2017年	优秀党务工作者	陈　艳
2017年	优秀党务工作者	夏飒飒
2017年	优秀党务工作者	夏　辉
2017年	优秀党务工作者	高　明
2017年	优秀党务工作者	周国强
2018年	优秀加油站经理	谢敬秀
2018年	优秀加油站经理	韩　浩

续表

授予年限	荣誉称号	获奖个人
2018年	优秀加油站经理	严剑英
2018年	优秀加油站经理	焦丽芳
2018年	优秀加油站经理	王明彩
2018年	优秀加油站经理	田常松
2018年	优秀加油站经理	董　帅
2018年	优秀加油站经理	武松柏
2018年	优秀加油站经理	张　猛
2018年	优秀加油站经理	王喜庆
2018年	优秀加油站经理	顾志军
2018年	优秀加油站经理	周航宇
2018年	优秀加油站经理	洪　赫
2018年	优秀加油站经理	费春欢
2018年	优秀加油站经理	沈云龙
2018年	优秀加油站经理	王冬君
2018年	优秀加油站经理	朱君萍
2018年	优秀加油站经理	沈　洁
2018年	优秀加油站经理	王永利
2018年	优秀加油站经理	张　红
2018年	优秀加油站经理	王　刚
2018年	优秀加油站经理	齐建华
2018年	优秀加油站经理	袁婷婷
2018年	优秀加油站经理	周巧珍
2018年	优秀加油站经理	陈素菊
2018年	优秀加油站经理	秦　秋
2018年	优秀加油站经理	陆　化
2018年	优秀加油站经理	龚惠彪
2018年	优秀加油站经理	黄尚忠

授予年限	荣誉称号	获奖个人
2018年	优秀加油站经理	朱忠兴
2018年	优秀加油站经理	陈燕琴
2018年	优秀加油站经理	汤　晓
2018年	优秀加油站经理	孙妹红
2018年	优秀加油站经理	郑友伦
2018年	优秀员工	胡玉娟
2018年	优秀员工	历鹏飞
2018年	优秀员工	许明华
2018年	优秀员工	孙　嘉
2018年	优秀员工	梁昌平
2018年	优秀员工	沈军英
2018年	优秀员工	柯焕新
2018年	优秀员工	严慧裕
2018年	优秀员工	文　静
2018年	优秀员工	王　华
2018年	优秀员工	何建华
2018年	优秀员工	沈　东
2018年	优秀员工	诸晓庆
2018年	优秀员工	周丽萍
2018年	优秀员工	褚　瑛
2018年	优秀员工	吴彩萍
2018年	优秀员工	缪忠评
2018年	优秀员工	蒋贤达
2018年	优秀员工	宫　欣
2018年	优秀员工	杨玲芝
2018年	优秀员工	王玉琦
2018年	优秀员工	宋　斌

续表

授予年限	荣誉称号	获奖个人
2018年	优秀员工	蔡　茹
2018年	优秀员工	唐　叶
2018年	优秀员工	王红梅
2018年	优秀员工	陈　彪
2018年	优秀员工	许智慧
2018年	优秀员工	张　敏
2018年	优秀员工	陈　国
2018年	优秀员工	施永琴
2018年	优秀员工	黄星炜
2018年	优秀员工	吴海娟
2018年	优秀员工	翟吟红
2018年	优秀员工	沈月华
2018年	优秀管理人员	王红伟
2018年	优秀管理人员	孙　帆
2018年	优秀管理人员	王　刚
2018年	优秀管理人员	张培智
2018年	优秀管理人员	毕　博
2018年	优秀管理人员	张洪军
2018年	优秀管理人员	徐轶晶
2018年	优秀管理人员	刘志忠
2018年	优秀管理人员	孙雅丽
2018年	优秀管理人员	顾丽华
2018年	优秀管理人员	胡婵颖
2018年	优秀管理人员	刘　善
2018年	优秀管理人员	陈　艳
2018年	优秀管理人员	夏　辉

续表

授予年限	荣誉称号	获奖个人
2018年	优秀管理人员	姚裕华
2018年	优秀管理人员	王 渭
2018年	优秀管理人员	刘 莉
2018年	优秀管理人员	董庚申
2018年	优秀管理人员	许丽君
2018年	优秀管理人员	丁 峰
2018年	优秀管理人员	张 楠
2018年	优秀管理人员	高 明
2018年	安全生产先进个人	王 书
2018年	安全生产先进个人	曾国平
2018年	安全生产先进个人	李 江
2018年	安全生产先进个人	忻宇杰
2018年	安全生产先进个人	王树国
2018年	安全生产先进个人	李珩洲
2018年	安全生产先进个人	方 华
2018年	安全生产先进个人	张煜眉
2018年	安全生产先进个人	李 刚
2018年	安全生产先进个人	曲 艺
2018年	安全生产先进个人	邹好好
2018年	安全生产先进个人	赵晓冬
2018年	安全生产先进个人	宋桂华
2018年	安全生产先进个人	黄国平
2018年	安全生产先进个人	薛克鑫
2018年	优秀共产党员	韩 浩
2018年	优秀共产党员	王明彩
2018年	优秀共产党员	董 帅

续表

授予年限	荣誉称号	获奖个人
2018年	优秀共产党员	严剑英
2018年	优秀共产党员	张　猛
2018年	优秀共产党员	孔德辰
2018年	优秀共产党员	顾志军
2018年	优秀共产党员	鲁　叶
2018年	优秀共产党员	曹　泓
2018年	优秀共产党员	方　华
2018年	优秀共产党员	黄　俊
2018年	优秀共产党员	王永利
2018年	优秀共产党员	宋桂华
2018年	优秀共产党员	吕　晶
2018年	优秀共产党员	徐　琴
2018年	优秀共产党员	王昊坤
2018年	优秀共产党员	陈素菊
2018年	优秀共产党员	迟　涛
2018年	优秀共产党员	田一鸣
2018年	优秀共产党员	韩福华
2018年	优秀共产党员	王晓芸
2018年	优秀共产党员	胡婵颖
2018年	优秀共产党员	陈　艳
2018年	优秀共产党员	白莲玉
2018年	优秀共产党员	翟小辉
2018年	优秀共产党员	钟明宇
2018年	优秀共产党员	李文斌
2018年	优秀共产党员	刘　莉 （财务处）

授予年限	荣誉称号	获奖个人
2018年	优秀共产党员	刘　莉 （投资建设管理处）
2018年	优秀共产党员	隋　超
2018年	优秀党务工作者	丁　凤
2018年	优秀党务工作者	王喜庆
2018年	优秀党务工作者	顾美群
2018年	优秀党务工作者	郑熠枫
2018年	优秀党务工作者	李艳梅
2018年	优秀党务工作者	刘志忠
2018年	优秀党务工作者	朱　虹
2018年	优秀党务工作者	王　发
2018年	优秀党务工作者	喻　莹
2018年	优秀党务工作者	高　明
2018年	优秀党务工作者	徐艳冰
2018年	优秀党务工作者	夏飒飒
2018年	优秀党务工作者	邹春艳
2018年	优秀党务工作者	夏　辉
2018年	优秀党务工作者	周国强
2018年	服务保障进博杰出贡献先进个人	狄　蓓
2018年	服务保障进博杰出贡献先进个人	夏飒飒
2018年	服务保障进博突出贡献先进个人	杨志才
2018年	服务保障进博突出贡献先进个人	孙永会
2018年	服务保障进博突出贡献先进个人	刘仲凯
2018年	服务保障进博突出贡献先进个人	张靖远
2018年	服务保障进博突出贡献先进个人	李　江
2018年	服务保障进博突出贡献先进个人	万丽英

续表

授予年限	荣誉称号	获奖个人
2018年	服务保障进博突出贡献先进个人	安明珠
2018年	服务保障进博突出贡献先进个人	石　唯
2018年	服务保障进博突出贡献先进个人	杨樟炯
2018年	服务保障进博突出贡献先进个人	沈　波
2018年	服务保障进博突出贡献先进个人	邵云龙
2018年	服务保障进博突出贡献先进个人	张旭华
2018年	服务保障进博突出贡献先进个人	李文韬
2018年	服务保障进博突出贡献先进个人	汪莉娜
2018年	服务保障进博突出贡献先进个人	白　宇
2018年	服务保障进博突出贡献先进个人	华　新
2018年	服务保障进博突出贡献先进个人	路　宇
2018年	服务保障进博突出贡献先进个人	忻宇杰
2018年	服务保障进博突出贡献先进个人	杨权涌
2018年	服务保障进博先进个人	杨梅凤
2018年	服务保障进博先进个人	王　书
2018年	服务保障进博先进个人	秦翔宇
2018年	服务保障进博先进个人	侯　晋
2018年	服务保障进博先进个人	钟明宇
2018年	服务保障进博先进个人	周国强
2018年	服务保障进博先进个人	高　明
2018年	服务保障进博先进个人	庞若煜
2018年	服务保障进博先进个人	蒋志刚
2018年	服务保障进博先进个人	高　放
2018年	服务保障进博先进个人	孔祥桥
2018年	服务保障进博先进个人	邢　妹
2018年	服务保障进博先进个人	卫曾萍

续表

授予年限	荣誉称号	获奖个人
2018年	服务保障进博先进个人	徐　鹏
2018年	服务保障进博先进个人	韩　聪
2018年	服务保障进博先进个人	洪　赫
2018年	服务保障进博先进个人	潘　耀
2018年	服务保障进博先进个人	钱振宇
2018年	服务保障进博先进个人	陈　利
2018年	服务保障进博先进个人	沈海锋
2018年	服务保障进博先进个人	赵晓冬
2018年	服务保障进博先进个人	蔡　森
2018年	服务保障进博先进个人	王树国
2018年	服务保障进博先进个人	文　阳
2018年	服务保障进博先进个人	陈何庆
2018年	服务保障进博先进个人	倪受文
2018年	服务保障进博先进个人	王陈云
2018年	服务保障进博先进个人	姜玮琦
2018年	服务保障进博先进个人	周　远
2018年	服务保障进博先进个人	章　婕
2018年	服务保障进博先进个人	杨　勇
2018年	服务保障进博先进个人	朱东声
2018年	服务保障进博先进个人	徐廉洁
2018年	服务保障进博先进个人	韩　浩
2018年	服务保障进博先进个人	焦丽芳
2018年	服务保障进博先进个人	严剑英
2018年	服务保障进博先进个人	王明彩
2018年	服务保障进博先进个人	张　娟
2018年	服务保障进博安保防恐特别奖	卓　友

第六节　晋升高级专业技术职务任职资格人员名单

姓名	职称类别	任职资格资历起算日	文件编号	发文日期
朱建敏	高级工程师	2013年12月30日	人事〔2014〕156号	2014年4月25日
胡进军	高级经济师	2013年12月30日	人事〔2014〕156号	2014年4月25日
李新颖	高级工程师	2014年12月30日	人事〔2015〕72号	2015年2月15日
郭小明	高级经济师	2014年12月30日	人事〔2015〕72号	2015年2月15日
袁　全	高级经济师	2015年12月30日	人事〔2016〕48号	2016年2月15日
安必成	高级经济师	2015年12月30日	人事〔2016〕48号	2016年2月15日
胥卫东	高级经济师	2015年12月30日	人事〔2016〕48号	2016年2月15日
梁历辉	高级经济师	2015年12月30日	人事〔2016〕48号	2016年2月15日
夏飒飒	副研究馆员	2015年12月30日	人事〔2016〕67号	2016年2月29日
王　发	高级经济师	2016年12月30日	人事〔2017〕244号	2017年6月13日
郭世锋	高级经济师	2016年12月30日	人事〔2017〕244号	2017年6月13日
徐丽萍	高级经济师	2016年12月30日	人事〔2017〕244号	2017年6月13日
姚裕华	高级经济师	2016年12月30日	人事〔2017〕244号	2017年6月13日
陈　俊	高级经济师	2016年12月30日	人事〔2017〕244号	2017年6月13日
张建坤	高级经济师	2016年12月30日	人事〔2017〕244号	2017年6月13日
马振东	高级工程师	2017年12月30日	人事〔2018〕147号	2018年2月26日
迟　涛	高级工程师	2017年12月30日	人事〔2018〕147号	2018年2月26日
邓生长	高级经济师	2017年12月30日	人事〔2018〕147号	2018年2月26日
袁玉丹	高级经济师	2017年12月30日	人事〔2018〕147号	2018年2月26日
张靖远	高级经济师	2017年12月30日	人事〔2018〕147号	2018年2月26日
张　浩	高级经济师	2017年12月30日	人事〔2018〕147号	2018年2月26日
陈焕新	高级经济师	2017年12月30日	人事〔2018〕147号	2018年2月26日
闫　巍	高级经济师	2017年12月30日	人事〔2018〕147号	2018年2月26日
陈　艳	高级政工师	2017年12月30日	人事〔2018〕147号	2018年2月26日

第七节 晋升技师等级职业资格人员名单

姓名	职业工种	文件编号	发文日期
董庚申	油品分析工	职鉴〔2016〕5号	2016年6月21日
何惠娟	加油站操作员	职鉴〔2016〕7号	2016年12月30日
李晨辉	加油站操作员	职鉴〔2016〕7号	2016年12月30日
李孝军	加油站操作员	职鉴〔2016〕7号	2016年12月30日
沈燕华	加油站操作员	职鉴〔2016〕7号	2016年12月30日
施雪梅	加油站操作员	职鉴〔2016〕7号	2016年12月30日
汪斌兵	加油站操作员	职鉴〔2016〕7号	2016年12月30日
王喜庆	加油站操作员	职鉴〔2016〕7号	2016年12月30日
伍宣华	加油站操作员	职鉴〔2016〕7号	2016年12月30日
许梅珍	加油站操作员	职鉴〔2016〕7号	2016年12月30日
张 猛	加油站操作员	职鉴〔2016〕7号	2016年12月30日
邹宁安	加油站操作员	职鉴〔2016〕7号	2016年12月30日

第八节　主要指标完成情况表

主要指标 / 年份	销量（万吨）	汽油（万吨）	柴油（万吨）	其他炼油产品（万吨）	税前利润（亿元）	非油收入（亿元）	非油利润（亿元）	股权收益（亿元）	总发卡（万张）	记名卡发卡（万张）
2014	182.8	65.79	109.11	7.9	2	1.2	0.13	1.18	24.12	14.95
2015	158.66	67.69	90.13	0.84	1.41	1.65	0.17	1.1	25.83	13.57
2016	156.81	65.73	83.41	7.67	1.69	2.29	0.27	1.31	17.06	13.93
2017	150.58	74.5	75.63	0.45	1.7	2.84	0.31	2.1	16.91	14.52
2018	156.63	87.5	68.69	0.44	1.18	3.56	0.37	1.89	19.03	17.41
合计	805.48	361.21	426.97	17.3	7.98	11.54	1.25	7.58	102.95	74.38

第九节 2018年12月所属党组织及党员人数统计表

序号	党组织简称	成立时间	党员人数
1	浦东分公司党委	2017年4月	37
2	浦东分公司机关党支部	2016年12月	12
3	浦东分公司振兴党支部	2016年12月	8
4	浦东分公司凌桥党支部	2016年12月	9
5	浦东分公司南汇党支部	2016年12月	8
6	浦西分公司党委	2017年4月	36
7	浦西分公司机关党支部	2016年12月	16
8	浦西分公司北区党支部	2016年12月	9
9	浦西分公司南区党支部	2016年12月	11
10	奉金分公司党委	2017年12月	25
11	奉金分公司机关党支部	2016年12月	15
12	奉金分公司加油站党支部	2016年12月	10
13	松青分公司党委	2017年4月	25
14	松青分公司松一党支部	2016年12月	7
15	松青分公司松二党支部	2016年12月	10
16	松青分公司青浦党支部	2016年12月	8
17	宝嘉分公司党委	2017年4月	38
18	宝嘉分公司宝山区党支部	2016年12月	18
19	宝嘉分公司嘉定南区党支部	2016年12月	9
20	宝嘉分公司嘉定北区党支部	2016年12月	11
21	崇明分公司党委	2017年4月	21
22	崇明分公司机关党支部	2016年12月	10

序号	党组织简称	成立时间	党员人数
23	崇明分公司加油站党支部	2016年12月	11
24	机关第一党支部	2012年6月	17
25	机关第二党支部	2012年6月	21
26	机关第三党支部	2012年6月	19
27	机关第四党支部	2012年6月	21
28	机关第五党支部	2012年6月	21
29	机关第六党支部	2012年6月	21

第十节　"两代表一委员"名单

序号	姓名	性别	当选时间	当选职务
1	杨昌陶	男	2017年4月	中国共产党上海市第十一次代表大会代表
2	袁婷婷	女	2017年12月	上海市第十五届人民代表大会代表

第十一节　机关处室干部情况简明表

处室名称	职务	姓名	任职起讫时间
总经理办公室 （党委办公室） （2014.1—2018.12）	主任	杨　杰	兼任，2014.1—2015.2
		袁　全	2015.2—2018.4
	副主任	袁　全	2014.1—2015.2
		杨志才	2014.1—2018.12
		孙永会	2014.1—2018.12

处室名称	职务	姓名	任职起讫时间
人事处（党委组织部）（2014.1—2018.12）	处　长	王继军	兼任，2014.1—2015.2
		杨　杰	兼任，2015.2—2017.4
		胡进军	2017.4—2018.2
		毛福胜	2018.4—12
	副处长	宋君义	2014.1—2018.4
		邓生长	2017.8—2018.12
财务处（2014.1—2018.12）	处　长	朱　虹	2014.1—2015.2
		刘　涛	2015.2—2018.12
	副处长	刘　涛	2014.1—2015.2
		黄剑宇	2015.8—2018.7
		郑雪峰	2018.7—12
营销处（2014.1—2018.12）	处　长	黄万宏	2014.1—2018.8
		李雪波	2018.9—12
	副处长	李雪波	2015.8—2018.9
仓储调运处（2014.1—2018.12）	处　长	张　卓	兼任，2004.1—2015.2
		袁玉丹	2017.4—2018.12
	副处长	袁玉丹	2014.1—2015.2；主持工作，2015.12—2017.4
加油站管理处（2014.1—2018.12）	处　长	高铭伟	2014.1—2015.2
		郭小明	2015.2—2018.12
	副处长	吕　浩	2014.1—2018.12
		任晓翔	2017.8—2018.12
非油品业务处（2014.1—2018.6）	处　长	王　玫	2014.1—2018.6
	副处长	丁　晗	2014.1—2018.6

处室名称	职务	姓名	任职起讫时间
投资建设管理处 （2014.1—2018.12）	处长	张文轩	兼任，2014.1—2015.2
		王继军	兼任，2015.2—2017.11
		李海生	2017.11—2018.12
	副处长	董 兵	2014.1—2015.5
		李海生	2014.1—2017.11
		梅红卿	2017.11—2018.12
质量安全环保处 （2014.1—2018.12）	处长	薛 峰	2014.1—6
		张文轩	兼任，2015.2—2017.6
		马振东	2017.6—2018.9；兼任，2018.9—12
	副处长	于 泳	2014.1—2018.12
企业管理处 （2014.1—2018.12）	处长	宋根建	2014.1—2017.5
		闫紫峰	2017.6—2018.7
		黄剑宇	2018.7—12
	副处长	聂 春	2014.1—2018.12
		卢 萍	2014.1—2018.12
	专职 董事	聂 春	2014.1—2018.12
信息化管理处 （2014.1—2018.12）	处长	李 卓	2014.1—2018.12
	副处长	蒋红权	2014.1—2018.12
		张靖远	2018.5—12
审计监察处（纪委办公室） （2014.1—2018.12）	处长	杨永刚	2014.1—2016.7
		刘 斌	2017.8—2018.12
	副处长	刘 斌	2014.1—2017.8

处室名称	职务	姓名	任职起讫时间
党群工作处（企业文化处） （2014.1—2018.6）	处　长	毛福胜	2014.1—2018.6
	副处长	李建军	2014.1—2015.2
		潘　雁	2015.8—2018.6
党群工作处（企业文化处、 党委宣传部） （2018.6—12）	处　长	毛福胜	2018.6—9
		潘　雁	2018.9—12
	副处长	潘　雁	2018.6—9

第十二节　所属二级单位机关部门干部情况简明表

一、浦东分公司

部门名称	主要职务	姓名	任职起讫时间
综合办公室 （2014.1—2018.12）	主任	梁士民	2014.1—2017.4； 2017.12—2018.12
		邓生长	2017.4—8
人力资源部 （2014.1—2017.4）	主任	邓生长	2014.1—2017.4
投资开发部 （2014.1—2017.4）	主任	王红伟	2014.1—2017.4
质量安全环保部 （2014.1—2017.4）	临时负责人	孙爱民	2014.1—2017.4
质量安全部 （2017.4—2018.6）	主任	王红伟	2017.4—2018.6
质量安全工程部 （2018.6—12）	主任	王红伟	2018.6—12
营销部 （2014.1—2017.4）	主任	刘宏伟	2014.1—2017.4
客户服务部 （2017.4—2018.6）	主任	刘宏伟	2017.4—2018.6

续表

部门名称	主要职务	姓名	任职起讫时间
加油站管理部 （2014.1—2018.6）	主任	韩福华	2014.1—2017.8
		徐　鹏	2018.4—6
业务运作部 （2018.6—12）	主任	徐　鹏	2018.6—12
财务部 （2014.1—2018.12）	主任	夏冬梅	2014.1—2018.8
	临时负责人	郑艳坤	2018.8—12

二、浦西分公司

部门名称	主要职务	姓名	任职起讫时间
综合办公室 （2014.1—2018.12）	主任	杨　朵	2014.1—5
		王文敏	2015.9—2016.11
		王　群	2017.8—2018.12
	副主任	施　海	2018.11—12
投资开发部 （2014.1—2018.6）	主任	李　巍	2014.1—2016.2
	临时负责人	王树国	2016.2—2017.6
	主任	王树国	2017.6—2018.6
质量安全环保部 （2014.1—2018.6）	主任	王树国	2014.1—2018.6
质量安全工程部 （2018.6—12）	主任	王树国	2018.6—9
营销部 （2014.1—2018.6）	主任	王　刚	2014.1—2018.6
加油站管理部 （2014.1—2018.6）	主任	钟乾康	2014.1—2017.10
	临时负责人	王　刚	2017.10—2018.6
业务运作部 （2018.6—12）	主任	王　刚	2018.6—12
财务部 （2014.1—2018.12）	主任	张培智	2014.1—2018.12

三、奉金分公司

部门名称	主要职务	姓名	任职起讫时间
综合办公室 （2014.1—2018.12）	主任	王树堂	2014.1—7
		刘建龙	2014.7—2017.1
		钱振宇	2017.1—2018.12
人力资源部 （2014.1—2018.6）	主任	王树堂	2014.1—7
		刘建龙	2014.7—2017.1
		钱振宇	2017.1—2018.6
投资开发部 （2014.1—2018.6）	主任	钮晓军	2014.1—2018.6
质量安全环保部 （2014.1—2018.6）	主任	蔡　琛	2014.1—2018.6
质量安全工程部 （2018.6—12）	主任	钮晓军	2018.6—12
营销部 （2014.1—2018.1）	主任	王　超	2014.1—5
		王树堂	2014.7—2018.1
加油站管理部 （2014.1—2018.1）	主任	王　超	2014.1—8
	临时负责人	毕　博	2016.9—2018.1
综合运营部 （2018.1—6）	主任	李惜时	2018.1—6
	副主任	毕　博	2018.1—6
业务运作部 （2018.6—12）	主任	李惜时	2018.6—12
	副主任	毕　博	2018.6—12
财务部 （2014.1—2018.12）	主任	施　洋	2014.1—2016.8
		刘建龙	2017.1—2018.7
	临时负责人	林建州	2018.8—12
	副主任	林建州	2018.12

四、松青分公司

部门名称	主要职务	姓名	任职起讫时间
综合办公室 （2014.1—2018.12）	主任	张洪军	2014.1—2018.12
人力资源部 （2014.1—2016.2）	主任	朱 江	2014.1—2016.2
投资建设部 （2014.1—2018.3）	主任	张德纯	2014.1—2
	临时负责人	黄 俊	2014.2—2018.3
质量安全环保部 （2014.1—2018.3）	主任	宋桂华	2014.1—2018.3
质量安全工程部 （2018.3—12）	主任	黄 俊	2018.3—12
	副主任	宋桂华	2018.3—12
青浦营业部 （2014.1—2）	主任	黄 俊	2014.1—2
营销部 （2014.1—2018.12）	主任	曲海峰	2014.1—2018.12
加油站管理部 （2014.1—2018.12）	主任	宋丽华	2014.1—2015.9
		黄 俊	2015.9—2018.12
业务运作部 （2018.12）	主任	曲海峰	2018.12
财务部 （2014.1—2018.12）	主任	严鹏飞	2014.1—4
		杨鑫楠	2015.9—2018.10

五、宝嘉分公司

部门名称	主要职务	姓名	任职起讫时间
综合办公室 （2014.1—2018.12）	主任	崔如娜	2014.1—2017.4； 2018.3—12
		王日光	2017.4—2018.3
	副主任	李雨鑫	2018.12
质量安全部 （2014.1—2018.6）	主任	王日光	2014.1—2017.4； 2018.3—6
		赵晓冬	2017.4—2018.3

续表

部门名称	主要职务	姓名	任职起讫时间
质量安全工程部 （2018.6—12）	主任	王日光	2018.6—12
客户服务部 （2014.1—2018.06）	主任	郭世锋	2014.1—3
	临时负责人	徐轶晶	2014.3—2017.4
	主任	徐轶晶	2017.4—2018.6
加油站管理部 （2014.1—2018.6）	主任	赵晓冬	2014.1—2017.4
	临时负责人	崔如娜	2017.4—2018.3
	主任	赵晓冬	2018.3—6
业务运作部 （2018.6—12）	副主任	赵晓冬	2018.12
		徐轶晶	2018.12
财务部 （2014.1—2018.12）	主任	李喆	2014.1—2018.12

六、崇明分公司

部门名称	主要职务	姓名	任职起讫时间
综合办公室 （2014.1—2018.12）	主任	王文敏	2014.1—2017.4
		王群	2017.4—8
	临时负责人	刘志忠	2017.9—2018.10
		丁凤	2018.10—12
	副主任	刘志忠	2018.10—12
开发建设部 （2014.1—2018.6）	主任	迟涛	2014.1—2018.6
质量安全环保部 （2014.1—2018.6）	主任	迟涛	2014.1—2017.6
		孙爱民	2017.7—2018.6
质量安全工程部 （2018.6—12）	主任	孙爱民	2018.6—12

部门名称	主要职务	姓名	任职起讫时间
营销部 （2014.1—2018.6）	主任	刘大礼	2014.1—2018.6
加油站管理部 （2014.1—2018.6）	主任	王　群	2014.1—2017.4
	主任	刘大礼	2017.4—2018.3
	临时负责人	王　磊	2018.3—6
业务运作部 （2018.6—12）	主任	刘大礼	2018.6—12
财务部 （2014.1—2018.12）	主任	施忠明	2014.1—2018.12

第六章 组织人事大事纪要、组织人事制度文件选编目录

第一节 组织人事大事纪要

二〇一四年

2014年1月25日 上海销售分公司召开2014年工作会议。总经理佟福财作题为《深化创新 强化服务 增创效益 全力推进公司盈利能力和发展质量提升》的行政工作报告；党委书记杨昌陶作题为《创新思路增活力 服务中心上水平 为全力提升公司盈利能力和发展质量提供坚实保证》的党委工作报告。【上海销售分公司党委办公室提供资料】

2014年3月11日 上海销售分公司决定：林少斌任浦东分公司副经理，孙振中任浦东分公司副经理，胥卫东任浦西分公司副经理；免去林少斌的宝嘉分公司副经理职务，免去胥卫东的松青分公司副经理职务，免去孙振中的奉金分公司副经理（分管财务）职务。【上海销售〔2014〕15号】

2014年4月1日 上海销售分公司决定：庞爱宁任浦东分公司副经理。【上海销售〔2014〕23号】

2014年4月1日 上海销售分公司决定：严鹏飞任奉金分公司副经理（分管财务），郭世锋任宝嘉分公司副经理，郑熠枫任松青分公司副经理。【上海销售〔2014〕24号】

2014年5月15日 上海销售分公司决定：委派张惊宇任上海中油同

盛石油有限公司副总经理（高级主管）。【上海销售〔2014〕34号】

2014年10月30日　股份公司人事部决定：免去金浩同志的上海销售分公司副总经理、党委委员职务；免去高贤才同志的上海销售分公司副总经理、安全总监、党委委员职务，另有任用。【油人事〔2014〕400号】

2014年11月14日　股份公司人事部批准，同意金浩因病退出领导岗位。

二〇一五年

2015年1月8日　上海销售分公司召开2015年工作会议。总经理佟福财作题为《积极应对新常态 努力谋求新发展 全面提升公司竞争实力和盈利能力》的行政工作报告；党委书记杨昌陶作题为《突出作用发挥 增强服务功能 为全面提升公司竞争实力和盈利能力努力奋斗》的党委工作报告。

2015年2月2日　上海销售分公司党委决定：胡进军任浦东分公司党支部书记，李建军任宝嘉分公司党支部书记，朱虹任中油上海销售有限公司党支部书记，马振东任浦东分公司党支部副书记；免去李建军的党群工作处（企业文化处）副处长职务，免去马振东的浦东分公司党支部书记职务，免去胡进军的宝嘉分公司党支部书记职务。【上海销售党〔2015〕5号】

2015年2月5日　上海销售分公司决定：王继军任投资建设管理处处长，杨杰主持人事处（党委组织部）工作，张文轩任质量安全环保处处长，袁全任总经理办公室（党委办公室）主任，郭小明任加油站管理处处长，刘涛任财务处处长，马振东任浦东分公司经理，胡进军任浦东分公司副经理，李建军任宝嘉分公司副经理，委派高铭伟任康桥石油有限公司董事长，杨德有不再担任康桥石油有限公司董事长职务；免去王继军的人事处（党委组织部）处长职务，免去杨杰的总经理办公室（党委办公室）主任职务，免去张卓的仓储调运处处长职务，免去张文轩的投资建设管理处处长职务，免去高铭伟的加油站管理处处长职务，免去朱虹的财务处处长职务，免去郭小明的浦东分公司经理职务，免去胡进军的宝嘉分公司副经理职务；袁玉丹主持

仓储调运处工作（副处级）。【上海销售〔2015〕10号】

2015年2月5日　上海销售分公司决定：王继军协助佟福财总经理分管投资计划工作，杨杰协助王建军副总经理分管人事工作，张卓协助杨德有副总经理分管营销工作，张文轩协助佟福财总经理分管质量安全环保工作。【上海销售〔2015〕11号】

2015年3月3日　上海销售分公司决定：杨杰任党委组织部部长、人事处处长。【上海销售〔2015〕18号】

2015年3月3日　上海销售分公司决定：朱虹兼任中油上海销售有限公司副经理。【上海销售〔2015〕19号】

2015年6月5日　上海销售分公司决定：撤销燃料油销售中心，相关业务及职责并入营销处。【上海销售〔2015〕39号】

2015年6月5日　经上海销售分公司管理专家评议组会议评审通过、管理专家评聘委员会审核批准，聘任高铭伟为营销管理专家（市场零售领域），聘期从2015年5月27日算起。【上海销售〔2015〕40号】

2015年8月11日　上海销售分公司决定：黄剑宇任财务处副处长，李雪波任营销处副处长；免去全宣的燃料油销售中心经理职务。【上海销售〔2015〕52号】

2015年8月11日　经上海销售分公司管理专家评议组会议评审通过、管理专家评聘委员会审核批准，聘任全宣为营销管理专家，聘期从2015年7月13日算起。【上海销售〔2015〕53号】

2015年8月11日　上海销售分公司党委决定：潘雁同志任党群工作处（企业文化处）副处长。【上海销售党〔2015〕23号】

2015年9月23日　根据销售公司《关于启动2015—2016年度西藏与内地销售企业干部对口挂职锻炼工作的通知》要求，上海销售分公司决定：在对口挂职锻炼期间，聘任拉巴次仁为浦西分公司副经理，聘期1年。【上海销售〔2015〕60号】

2015 年 10 月 21 日 上海销售分公司党委批复同意：中共机关第一支部委员会由付志明、曲亮、杨永刚、李卓、黄万宏等 5 位同志组成，杨永刚为支部书记、黄万宏为支部副书记。中共浦西分公司支部委员由陈强、李成、孟沛泉、王文敏、胥卫东等 5 位同志组成，李成为支部书记，孟沛泉为支部副书记。中共奉金分公司支部委员会由王发、刘建龙、严鹏飞、姜东明、葛洌等 5 位同志组成，姜东明为支部书记，王发为支部副书记。中共松青分公司支部委员会由许凯、张旭东、张洪军、金建清、郑熠枫等 5 位同志组成，张旭东为支部书记，许凯为支部副书记。中共宝嘉分公司支部委员会由王日光、王宏杰、李建军、范国正、郭世锋等 5 位同志组成，李建军为支部书记，王宏杰为支部副书记。中共崇明分公司支部委员会由王群、安必成、陈军、张国友、段友君等 5 位同志组成，段友君为支部书记，安必成为支部副书记。中共上海中油农工商石油销售有限公司支部委员会由孙雅丽、刘爱华、陈鹏、彭庆芳等 4 位同志组成，陈鹏为支部书记。中共上海中油同盛石油有限公司支部委员会由朱建敏、李珩洲、张惊宇等 3 位同志组成，朱建敏为支部书记。中共上海中油奉贤石油有限公司支部委员会由闫紫峰、李杰、吴丽萍等 3 位同志组成，闫紫峰为支部书记。中共上海中油康桥石油有限公司支部委员会由白莲玉、闫巍、谷政等 3 位同志组成，闫巍为支部书记。中共中油浦东石油销售有限公司支部，不设委员会，邓于勇为支部书记。中共中油上海销售有限公司支部委员会由田小洲、朱虹、陈艳等 3 位同志组成，朱虹为支部书记、田小洲为支部副书记。【上海销售党〔2015〕49 号】

2015 年 11 月 4 日 上海销售分公司党委批复同意：中共机关第二支部委员会由毛福胜、任晓翔、张文轩、李新颖、潘雁等 5 位同志组成，张文轩为支部书记、毛福胜为支部副书记。中共机关第三支部委员会由丁晗、王玫、刘涛、郑雪峰、黄剑宇等 5 位同志组成，刘涛为支部书记，王玫为支部副书记。中共机关第四支部委员会由刘仲凯、刘莉、宋君义、杨杰、李海生等 5 位同志组成，杨杰为支部书记，李海生为支部副书记。中共机关第五支部委员会由卢萍、宋根建、陆国胜、袁玉丹、聂春等 5 位同志组成，宋根建为支部书记，袁玉丹为支部副书记。中共机关第六支部委员会由杨志才、张靖远、郭小明、袁全、夏飒飒等 5 位同志组成，郭小明为支部书记，袁全为支部副书记。中共浦东分公司支部委员会由马振东、孙振中、林少斌、庞爱宁、胡进军等 5 位同志组成，胡进军为支部书记，马振东为支部副书记。【上海销售党〔2015〕50 号】

2015 年 12 月 10 日　经商得中共上海市委同意，集团公司党组决定：免去佟福财同志的上海销售分公司党委副书记、委员职务。【中油党组〔2015〕215 号】

2015 年 12 月 10 日　经商得中共上海市委同意，股份公司决定：杨昌陶任上海销售分公司总经理；免去佟福财的上海销售分公司总经理职务，另有任用。【石油任〔2015〕362 号】

二〇一六年

2016 年 1 月 19 日　上海销售分公司决定：调整领导班子成员及助理、安全副总监、总法律顾问分工。党委书记、总经理杨昌陶主持公司行政、党委、纪委（监察）全面工作，负责公司发展战略规划、党的建设、企业文化建设、审计、纪检监察工作，分管党群工作处（企业文化处）、审计监察处（纪委办公室）。总会计师、党委委员姜滇负责公司财务管理、非油品经营管理工作，分管财务处、非油品业务处。副总经理、工会主席、党委委员王建军负责公司企业法律事务、制度建设、内控、股权管理、物资集中采购管理、固定资产实物管理、信息化建设管理，新闻、治安信访、维稳及内保、团委工作，主持工会工作，分管企业管理处、信息化管理处、总经理办公室（党委办公室）。副总经理、党委委员杨德有负责公司油品营销，油品购进、物流配送、加油站管理、油库管理、安全环保与 HSE 体系建设，计量、质量及标准化工作，分管营销处、加油站管理处。总经理助理兼投资计划建设管理处处长王继军协助党委书记、总经理杨昌陶分管投资计划、工程建设工作，分管投资计划建设管理处。总经理助理兼党委组织部部长、人事处处长杨杰协助党委书记、总经理杨昌陶分管组织、劳资、人事、退休职工管理工作，分管人事处（党委组织部）。总经理助理张卓协助副总经理杨德有分管油品购进、物流配送、计量、油品营销工作，分管仓储调运处。安全副总监兼质量安全环保处处长张文轩协助副总经理杨德有分管安全环保与HSE 体系建设，质量及标准化工作，分管质量安全环保处。总法律顾问王理民协助副总经理王建军分管法律事务和股权管理、制度建设工作。【上海销售〔2016〕7 号】

2016 年 1 月 26 日　上海销售分公司召开 2016 年工作会议，党委书记、总经理杨昌陶作题为《坚定信心克难关 改革创新谋发展 稳健开启公司"十三五"发展新征程》的工作报告，全面总结公司"十二五"期间改革发展成果，明确"十三五"期间规划目标和多元、市场、零售、网络、人才五大发展战略。

2016 年 3 月 23 日　上海销售分公司党委决定：撤销中共第五纪检监察中心支部委员会。【上海销售党〔2016〕15 号】

2016 年 3 月 24 日　上海销售分公司党委决定：免去孙钲珂同志的工会副主席职务。【上海销售党〔2016〕16 号】

2016 年 7 月 14 日　集团公司党组决定：黄润东同志任上海销售分公司纪委书记、党委委员；免去杨昌陶同志的上海销售分公司纪委书记职务。【中油党组〔2016〕112 号】

2016 年 8 月 23 日　上海销售分公司决定：调整领导班子成员及助理、安全副总监、总法律顾问分工。党委书记、总经理杨昌陶主持公司全面工作，负责公司发展战略规划、党的建设、人事、审计工作，分管党群工作处（企业文化处）。总会计师、党委委员姜滇负责公司财务管理、非油品经营管理工作，分管财务处、非油品业务处。纪委书记、党委委员黄润东负责公司纪委（监察）工作，协管审计工作，分管审计监察处（纪委办公室）。副总经理、工会主席、党委委员王建军负责公司企业法律事务、制度建设、内控、股权管理、物资集中采购管理、固定资产实物管理、信息化建设管理，新闻、治安信访、维稳及内保、团委工作，主持工会工作，分管企业管理处、信息化管理处、总经理办公室（党委办公室）。副总经理、党委委员杨德有负责公司油品营销，油品购进、物流配送、加油站管理、油库管理、安全环保与 HSE 体系建设，计量、质量及标准化工作，分管营销处、加油站管理处。总经理助理兼投资计划建设管理处处长王继军协助总经理分管投资计划、工程建设工作，分管投资计划建设管理处。总经理助理兼党委组织部部长、人事处处长杨杰协助党委书记、总经理杨昌陶分管组织、劳资、人事、退休职工管理工作，分管人事处（党委组织部）。总经理助理张卓协助副总经理杨德有分管油品购进、物流配送、计量、油品营销工作，分管仓储调运处。安全副总监兼质量安全环保处处长张文轩协助副总经理杨德有分管安全环保与 HSE 体系建设，质量及标准化工作，分管质量安全环保处。总法律顾问王理民协助副总经理王建军分管法律事务和股权管理、制度建设工作。【上海销售〔2016〕7 号】

2016 年 10 月 28 日　集团公司党组决定：杨杰同志任上海销售分公司党委委员。【中油党组〔2016〕219 号】

2016 年 10 月 28 日　股份公司决定：杨杰任上海销售分公司副总经理、安全总监。【石油任〔2016〕312 号】

2016 年 11 月 2 日　上海销售分公司党委批复同意：中共浦东分公司临时委员会由胡进军、马振东、林少斌、孙振中、庞爱宁等 5 位同志组成，胡进军为临时党委书记，马振东为临时党委副书记，纪检委员由胡进军兼任。【上海销售党〔2016〕30 号】

2016 年 11 月 2 日　上海销售分公司党委批复同意：中共浦西分公司临时委员会由李成、孟沛泉、陈强、胥卫东等 4 位同志组成，李成为临时党委书记，孟沛泉为临时党委副书记，纪检委员由李成兼任。【上海销售党〔2016〕31 号】

2016 年 11 月 2 日　上海销售分公司党委批复同意：中共奉金分公司临时委员会由姜东明、王发、葛洌、严鹏飞等 4 位同志组成，姜东明为临时党委书记，王发为临时党委副书记，纪检委员由姜东明兼任。【上海销售党〔2016〕32 号】

2016 年 11 月 2 日　上海销售分公司党委批复同意：中共宝嘉分公司临时委员会由李建军、王宏杰、范国正、郭世峰等 4 位同志组成，李建军为

临时党委书记，王宏杰为临时党委副书记，纪检委员由李建军兼任。【上海销售党〔2016〕33 号】

2016 年 11 月 2 日　上海销售分公司党委批复同意：中共松青分公司临时委员会由张旭东、许凯、金建清、郑熠枫等 4 位同志组成，张旭东为临时党委书记，许凯为临时党委副书记，纪检委员由张旭东兼任。【上海销售党〔2016〕34 号】

2016 年 11 月 2 日　上海销售分公司党委批复同意：中共崇明分公司临时委员会由段友君、安必成、陈军、张国友等 4 位同志组成，段友君为临时党委书记，安必成为临时党委副书记，纪检委员由段友君兼任。【上海销售党〔2016〕37 号】

2016 年 11 月 15 日　上海销售分公司党委决定：将中共上海销售分公司直属机关委员会改为中共上海销售分公司直属机关工作委员会，委员会由刘涛、杨杰、宋根建、张文轩、郭小明、黄万宏等 6 位同志组成（暂缺 1 名），杨杰为书记，宋根建为副书记，纪检委员由宋根建兼任。【上海销售党〔2016〕39 号】

2016 年 11 月 18 日　上海销售分公司决定：调整领导班子成员及助理、安全副总监、总法律顾问分工。党委书记、总经理杨昌陶主持公司行政及公司党委全面工作，负责公司发展战略规划、党的建设、组织干部、人事劳资、审计工作，分管党群工作处（企业文化处）。总会计师、党委委员姜滇负责公司财务管理、非油品经营管理工作，分管财务处、非油品业务处。纪委书记、党委委员黄润东负责公司纪委（监察）工作，协管审计工作，分管审计监察处（纪委办公室）。副总经理、工会主席、党委委员王建军负责公司企业法律事务、制度建设、内控、股权管理、物资集中采购管理、固定资产实物管理、信息化建设管理、团委工作，主持工会工作，分管企业管理处、信息化管理处。副总经理、党委委员杨德有负责公司油品营销，油品购进、物流配送、加油站管理、油库管理、计量管理工作，分管营销处、加油站管理处、仓储调运处。副总经理、安全总监、党委委员杨杰负责安全环保与 HSE 体系建设、质量及标准化工作、新闻、治安信访、维稳及内保工作，协助党委书记、总经理杨昌陶分管组织干部、人事劳资、退休职工管理工作，分管质量安全环保处、人事处（党委组织部）、总经理办公室（党委办公室）。总经理助理兼投资建设管理处处长王继军协助党委书记、总经理杨昌陶分管投资计划、工程建设工作，主持投资建设管理处工作。总经理助理张卓协助副总经理杨德有分管油品购进、物流配送、计量、油品营销工作。安全副总监兼质量安全环保处处长张文轩协助副总经理、安全总监杨杰分管安全环保与 HSE 体系建设，质量及标准化工作，主持质量安全环保处工作。总法律顾问王理民协助副总经理王建军分管法律事务和股权管理、制度建设工作。【上海销售〔2016〕81号】

2016 年 12 月 1 日　上海销售分公司第一次工会会员代表大会召开，工会会员代表 136 人、列席代表 4 人参加会议。会议选举产生上海销售分公司第一届工会委员会、经费审查委员会和女职工委员会。工会委员会由王建军、毛福胜、仝宣、李成、李建军、李珩洲、张旭东、严鹏飞、吴丽萍、胡进军、潘雁等 11 位同志组成，王建军为工会主席，毛福胜、潘雁为工会副主席。经费审查委员会由王冰、刘斌、孙振中、张楠、黄剑宇等 5 位同志组成，刘斌为委员会主任。女职工委员会由狄蓓、杜琳、徐丽萍、袁婷婷、潘雁等5 位同志组成，潘雁为委员会主任。【上海销售党〔2017〕9号】

2016 年 12 月 2 日　上海销售分公司党委批复同意：中共浦东分公司临时委员会下设机关、振兴、凌桥、南汇等 4 个党支部。【上海销售党〔2016〕50 号】

2016 年 12 月 2 日　上海销售分公司党委批复同意：中共浦西分公司临时委员会下设机关、浦西北区、浦西西区等 3 个党支部。【上海销售党〔2016〕51 号】

2016 年 12 月 2 日　上海销售分公司党委批复同意：中共宝嘉分公司临时委员会下设机关、宝山、嘉定南区、嘉定北区等 4 个党支部。【上海销售党〔2016〕52 号】

2016 年 12 月 2 日　上海销售分公司党委批复同意：中共松青分公司临时委员会下设松江第一、松江第二、青浦等 3 个党支部。【上海销售党〔2016〕53 号】

2016 年 12 月 2 日　上海销售分公司党委批复同意：中共奉金分公司临时委员会下设机关、加油站等 2 个党支部。【上海销售党〔2016〕54 号】

2016 年 12 月 6 日　　上海销售分公司党委决定：中共崇明分公司临时委员会下设机关、加油站等 2 个党支部。【上海销售党〔2016〕57 号】

2016 年 12 月 16 日　　上海销售分公司党委批复同意：中共浦东分公司机关支部委员会由邓生长、丁凤、喻莹等 3 位同志组成，邓生长为支部书记。中共浦东分公司振兴支部委员会由刘国超、杨权涌、盛燕燕等 3 位同志组成，刘国超为支部书记。中共浦东分公司凌桥支部不设委员会，周芳丽为支部书记。中共浦东分公司南汇支部不设委员会，严剑英为支部书记。【上海销售党〔2016〕65 号】

2016 年 12 月 16 日　　上海销售分公司党委批复同意：中共浦西分公司机关支部委员会由王刚、王树国、孔德辰等 3 位同志组成，王刚为支部书记。中共浦西分公司浦西北区支部委员会由张猛、兰玠锋、胡月等 3 位同志组成，张猛为支部书记。中共浦西分公司浦西南区支部委员会由王喜庆、顾志军、洪赫等 3 位同志组成，王喜庆为支部书记。【上海销售党〔2016〕66 号】

2016 年 12 月 16 日　　上海销售分公司党委批复同意：中共宝嘉分公司机关支部不设委员会，王日光为支部书记。中共宝嘉分公司宝山支部委员会由崔如娜、张莉、徐琴等 3 位同志组成，崔如娜为支部书记。中共宝嘉分公司嘉定南区支部委员会由袁婷婷、龚亮、孙翠翠等 3 位同志组成，袁婷婷为支部书记。中共宝嘉分公司嘉定北区支部委员会由伍宣华、高晓伟、李钢等 3 位同志组成，伍宣华为支部书记。【上海销售党〔2016〕67 号】

2016 年 12 月 16 日　　上海销售分公司党委批复同意：中共松青分公司松江第一支部委员会由金建清、杨鑫楠、宋桂华等 3 位同志组成，金建清为支部书记。中共松青分公司松江第二支部委员会由张洪军、黄俊、王勇帅等 3 位同志组成，张洪军为支部书记。中共松青分公司青浦支部委员会由郑熠枫、许梅珍、陈利等 3 位同志组成，郑熠枫为支部书记。【上海销售党〔2016〕68 号】

2016 年 12 月 16 日　　上海销售分公司党委批复同意：中共奉金分公司机关支部委员会由刘建龙、王树堂、顾美群等 3 位同志组成，刘建龙为支部书记。中共奉金分公司加油站支部委员会由沈洁、曹泓、鲁叶等 3 位同志组成，沈洁为支部书记。【上海销售党〔2016〕69 号】

2016 年 12 月 16 日　　上海销售分公司党委批复同意：中共崇明分公司

机关支部委员会由王群、刘志忠、田一鸣等3位同志组成,王群为支部书记。中共崇明分公司加油站支部委员会由迟涛、刘大礼、朱佳燕等3位同志组成,迟涛为支部书记。【上海销售党〔2016〕70号】

2016年12月26日　集团公司党组决定:免去姜滇同志的上海销售分公司党委委员职务。【中油党组〔2016〕285号】

2016年12月26日　股份公司决定:免去姜滇的上海销售分公司总会计师职务,另有任用。【石油任〔2016〕372号】

二〇一七年

2017年1月19日　上海销售分公司召开2017年工作会议暨一届一次职工代表大会,党委书记、总经理杨昌陶作题为《坚定发展理念　深化改革创新　奋力开创世界一流水平销售企业建设新局面》的工作报告,明确公司"123456"发展布局,即坚持"不求最大,但求最好"一个定位,谋取"做精做强创一流,改革创新拓发展"两条出路,拓展"市场、服务、价值"三维空间,实施"改革、创新、业绩、文化"四轮驱动,统筹"经营、发展、管理、党建、队伍"五位布局,推进"资源、市场、零售、网络、多元、人才"六大战略。【上海销售分公司党委办公室提供资料】

2017年4月5日　上海销售分公司党委书记、总经理杨昌陶当选中共上海市第十一次代表大会代表。【中共上海市第十一次代表大会代表登记证】

2017年4月19日　上海销售分公司党委批复同意:中共浦东分公司委员会由马振东、孙振中、林少斌、庞爱宁、胡进军等5位同志组成,胡进军为党委书记,马振东为党委副书记。【上海销售党〔2017〕26号】

2017年4月19日　上海销售分公司党委批复同意:中共浦西分公司委员会由李成、陈强、孟沛泉、胥卫东等4位同志组成,李成为党委书记,孟沛泉为党委副书记。【上海销售党〔2017〕27号】

2017年4月19日　上海销售分公司党委批复同意:中共宝嘉分公司委员会由王宏杰、李建军、范国正、郭世峰等4位同志组成,李建军为党委书记,王宏杰为党委副书记。【上海销售党〔2017〕28号】

2017 年 4 月 19 日　　上海销售分公司党委批复同意：中共松青分公司委员会由许凯、张旭东、金建清、郑熠枫等 4 位同志组成，张旭东为党委书记，许凯为党委副书记。【上海销售党〔2017〕29 号】

2017 年 4 月 19 日　　上海销售分公司党委批复同意：中共崇明分公司委员会由安必成、陈军、张国友、段友君等 4 位同志组成，段友君为党委书记，安必成为党委副书记。【上海销售党〔2017〕30 号】

2017 年 4 月 24 日　　上海销售分公司决定：袁玉丹任仓储调运处处长。【上海销售任〔2017〕1 号】

2017 年 4 月 24 日　　上海销售分公司决定：免去林少斌的浦东分公司副经理，另有任用。【上海销售任〔2017〕2 号】

2017 年 4 月 24 日　　上海销售分公司决定：免去安必成的崇明分公司经理职务。【上海销售任〔2017〕3 号】

2017 年 4 月 24 日　　上海销售分公司决定：林少斌任崇明分公司经理。【上海销售任〔2017〕4 号】

2017 年 4 月 24 日　　上海销售分公司决定：免去胥卫东的浦西分公司副经理职务，另有任用。【上海销售任〔2017〕5 号】

2017 年 4 月 24 日　　上海销售分公司决定：胥卫东任奉金分公司副经理。【上海销售任〔2017〕6 号】

2017 年 4 月 24 日　　上海销售分公司决定：免去胡进军的浦东分公司副经理职务，另有任用。【上海销售任〔2017〕7 号】

2017 年 4 月 24 日　　上海销售分公司决定：胡进军任人事处处长。【上海销售任〔2017〕8 号】

2017 年 4 月 24 日　　上海销售分公司党委决定：免去安必成同志的崇明分公司党委副书记、委员职务。【上海销售党〔2017〕34 号】

2017 年 4 月 24 日　　上海销售分公司党委决定：免去林少斌同志的浦东分公司党委委员职务。【上海销售党〔2017〕35 号】

2017 年 4 月 24 日　　上海销售分公司党委决定：林少斌同志任崇明分公司党委委员、副书记。【上海销售党〔2017〕36 号】

2017 年 4 月 24 日　　上海销售分公司党委决定：免去胥卫东同志的浦西分公司党委委员职务。【上海销售党〔2017〕37 号】

2017 年 4 月 24 日 上海销售分公司党委决定：胥卫东同志任奉金分公司临时党委委员、书记。【上海销售党〔2017〕38 号】

2017 年 4 月 24 日 上海销售分公司党委决定：免去胡进军同志的浦东分公司党委书记、委员职务。【上海销售党〔2017〕39 号】

2017 年 4 月 24 日 上海销售分公司党委决定：胡进军同志任党委组织部部长。【上海销售党〔2017〕40 号】

2017 年 5 月 12 日 集团公司党组决定：宋根建同志任上海销售分公司党委委员。【中油党组〔2017〕74 号】

2017 年 5 月 12 日 股份公司决定：宋根建任上海销售分公司总会计师。【石油任〔2017〕89 号】

2017 年 5 月 15 日 根据销售公司关于 2017 年度销售企业干部对口挂职工作的要求，上海销售分公司决定：尚宝春任浦东分公司副经理（聘期 8 个月：2017 年 5 月 2 日至 2017 年 12 月 31 日）。【上海销售任〔2017〕9 号】

2017 年 5 月 15 日 根据销售公司关于 2017 年度销售企业干部对口挂职工作的要求，上海销售分公司决定：杨雅光任仓储调运处高级主管（聘期 8 个月：2017 年 5 月 2 日至 2017 年 12 月 31 日）。【上海销售任〔2017〕10 号】

2017 年 5 月 15 日 根据销售公司关于 2017 年度销售企业干部对口挂职工作的要求，上海销售分公司决定：王立强任奉金分公司副经理（聘期 8 个月：2017 年 5 月 2 日至 2017 年 12 月 31 日）。【上海销售任〔2017〕11 号】

2017 年 6 月 1 日 上海销售分公司决定：刘国超任松青分公司经理；免去许凯的松青分公司经理职务，另有任用。【上海销售任〔2017〕12 号】

2017 年 6 月 1 日 上海销售分公司决定：闫紫峰任企业管理处处长。【上海销售任〔2017〕13 号】

2017 年 6 月 1 日 上海销售分公司党委决定：刘国超同志任松青分公司党委委员、副书记；免去许凯同志的松青分公司党委副书记、委员职务。【上海销售党〔2017〕43 号】

2017 年 6 月 1 日 上海销售分公司党委决定：许凯同志任上海中油奉贤石油有限公司党支部委员、书记；免去闫紫峰同志的上海中油奉贤石油有

限公司党支部书记、委员职务。【上海销售党〔2017〕44号】

2017年6月12日 上海销售分公司决定：胥卫东任奉金分公司经理；免去王发的奉金分公司经理职务，另有任用。【上海销售任〔2017〕14号】

2017年6月12日 上海销售分公司决定：曲亮任浦西分公司经理；免去孟沛泉的浦西分公司经理职务，另有任用。【上海销售任〔2017〕15号】

2017年6月12日 上海销售分公司决定：闫巍任宝嘉分公司经理；免去王宏杰的宝嘉分公司经理职务，另有任用。【上海销售任〔2017〕16号】

2017年6月12日 上海销售分公司决定：免去曲亮的市场研究与发展中心主任职务，另有任用。【上海销售任〔2017〕17号】

2017年6月12日 上海销售分公司决定：王宏杰任浦东分公司经理，孟沛泉任浦东分公司副经理；免去马振东的浦东分公司经理职务，另有任用。【上海销售任〔2017〕18号】

2017年6月12日 上海销售分公司决定：马振东任质量安全环保处处长；免去张文轩的质量安全环保处处长职务。【上海销售任〔2017〕19号】

2017年6月12日 上海销售分公司党委决定：免去王发同志的奉金分公司临时党委副书记、委员职务。【上海销售党〔2017〕45号】

2017年6月12日 上海销售分公司党委决定：曲亮同志任浦西分公司党委委员、副书记；免去孟沛泉同志的浦西分公司党委副书记、委员职务。【上海销售党〔2017〕46号】

2017年6月12日 上海销售分公司党委决定：王发同志任上海中油康桥石油有限公司党支部委员、书记；免去闫巍同志的上海中油康桥石油有限公司党支部书记、委员职务。【上海销售党〔2017〕47号】

2017年6月12日 上海销售分公司党委决定：闫巍同志任宝嘉分公司党委委员、副经理；免去王宏杰同志的宝嘉分公司党委副书记、委员职务。【上海销售党〔2017〕48号】

2017年6月12日 上海销售分公司党委决定：孟沛泉同志任浦东分公司党委委员、书记，王宏杰同志任浦东分公司党委委员、副书记；免去马振东同志的浦东分公司党委副书记、委员职务。【上海销售党〔2017〕52号】

2017年7月20日 中共上海销售分公司第一次代表大会在上海召开，

134 名党员代表和 8 名列席代表参加会议。会议选举产生中共上海销售分公司第一届委员会和中共上海销售分公司纪律检查委员会。中共上海销售分公司委员会由王建军、杨杰、杨昌陶、杨德有、宋根建、黄润东等 6 位同志组成，杨昌陶为党委书记。中共上海销售分公司纪律检查委员会由毛福胜、刘斌、闫紫峰、胡进军、黄润东等 5 位同志组成，黄润东为纪委书记。【沪经信工委〔2017〕173 号】

2017 年 8 月 1 日　上海销售分公司决定：免去刘仲凯的职业技能鉴定站站长职务，另有任用。【上海销售任〔2017〕20 号】

2017 年 8 月 1 日　上海销售分公司决定：李珩洲任松青分公司总会计师；免去金建清的松青分公司副经理（分管财务）职务，另有任用。【上海销售任〔2017〕21 号】

2017 年 8 月 1 日　上海销售分公司决定：金建清任奉金分公司总会计师；免去严鹏飞的奉金分公司副经理（分管财务）职务，另有任用。【上海销售任〔2017〕22 号】

2017 年 8 月 1 日　上海销售分公司党委决定：刘仲凯同志任直属机关党工委委员、副书记，纪律检查委员；免去宋根建同志的直属机关党工委副书记、委员，纪律检查委员职务。【上海销售党〔2017〕58 号】

2017 年 8 月 1 日　上海销售分公司党委决定：严鹏飞同志任上海中油同盛石油有限公司党支部委员；免去李珩洲同志的上海中油同盛石油有限公司党支部委员职务。【上海销售党〔2017〕60 号】

2017 年 8 月 1 日　上海销售分公司党委决定：李珩洲同志任松青分公司党委委员；免去金建清同志的松青分公司党委委员职务。【上海销售党〔2017〕61 号】

2017 年 8 月 1 日　上海销售分公司党委决定：金建清同志任奉金分公司临时党委委员；免去严鹏飞同志的奉金分公司临时党委委员职务。【上海销售党〔2017〕62 号】

2017 年 8 月 16 日　上海销售分公司决定：任晓翔任加油站管理处副处长。【上海销售任〔2017〕23 号】

2017 年 8 月 16 日　上海销售分公司决定：邓生长任人事处副处长。【上

海销售任〔2017〕24 号】

2017 年 8 月 16 日　上海销售分公司决定：刘宏伟任浦东分公司副经理。【上海销售任〔2017〕25 号】

2017 年 8 月 16 日　上海销售分公司决定：王树堂任奉金分公司副经理。【上海销售任〔2017〕26 号】

2017 年 8 月 16 日　上海销售分公司决定：张惊宇任浦西分公司副经理。【上海销售任〔2017〕27 号】

2017 年 8 月 16 日　上海销售分公司决定：刘斌任审计监察处处长。【上海销售任〔2017〕28 号】

2017 年 8 月 16 日　上海销售分公司党委决定：邓生长同志任党委组织部副部长。【上海销售党〔2017〕63 号】

2017 年 8 月 16 日　上海销售分公司党委决定：刘宏伟同志任浦东分公司党委委员。【上海销售党〔2017〕64 号】

2017 年 8 月 16 日　上海销售分公司党委决定：王树堂同志任奉金分公司临时党委委员。【上海销售党〔2017〕65 号】

2017 年 8 月 16 日　上海销售分公司党委决定：韩福华同志任上海中油同盛石油有限公司党支部委员；免去张惊宇同志的上海中油同盛石油有限公司党支部委员职务。【上海销售党〔2017〕66 号】

2017 年 8 月 16 日　上海销售分公司党委决定：张惊宇同志任浦西分公司党委委员。【上海销售党〔2017〕67 号】

2017 年 8 月 16 日　上海销售分公司党委决定：刘斌同志任上海销售分公司纪委副书记、纪委办公室主任。【上海销售党〔2017〕69 号】

2017 年 9 月 25 日　上海销售分公司党委决定：仝宣同志任党委巡察组正处级巡察员。【上海销售党〔2017〕73 号】

2017 年 11 月 10 日　为加强上海销售分公司纪检监察工作，完善纪委监督责任体系，推动党风廉政建设和反腐败工作的深入开展，对公司纪委委员进行分工。纪委书记黄润东主持纪委全面工作，是落实监督责任的第一责任人，负责贯彻落实上级组织关于党风廉政建设和反腐败工作的重要精神和部署，负责公司党风廉政建设和反腐败工作的领导、组织、实施和监督，负责对党员领导干部的纪律教育与监督工作，负责督促、检查纪委委员工作并及时给予正确指导，负责指导信访与案件管理、重要问题线索核查督办工作，参与对党员领导干部的考评以及任免、晋级、调整、奖惩工作。纪委副书记刘斌协助纪委书记负责纪委的日常工作，负责抓好党风廉政建设和反腐败的具体工作，负责纪委办公室日常工作，负责组织制定纪委工作计划和实施方案；负责建立健全相关规章制度，负责组织开展党内巡察工作，负责组织对违规违纪行为的查处工作，负责组织信访案件及问题线索核查工作，负责纪检监察队伍建设工作。纪委委员胡进军负责对党员和干部日常廉洁从业的管理，负责干部廉洁自律情况的审查，负责新提拔干部"六个一"教育的落实工作，负责督促落实对违纪党员和干部的纪律处分情况，协助做好纪检监察队伍的建设工作。纪委委员毛福胜负责党的作风建设工作，重点抓好公司"三重一大"决策制度的落实情况，负责中央"八项规定"精神、集团公司党组"二十条"管理规定、公司"五条禁令"和"六项承诺"的落实、监督工作，负责党风廉政建设的理论学习和宣传教育工作，负责党风廉政建设和反腐败工作的督导。纪委委员闫紫峰负责合规管理检查工作，负责组织普法宣传工作，负责廉洁风险识别、评估及防控工作，负责法律纠纷的诉前协商、证据收集、应诉、庭审及协调案件等环节的执行工作，协助做好信访举报和线索的核查处理工作。【上海销售纪〔2017〕5 号】

2017 年 11 月 17 日　上海销售分公司决定：李海生任投资建设管理处处长，梅红卿任投资建设管理处副处长；免去王继军的投资建设管理处处长职务。【上海销售任〔2017〕29 号】

2017 年 11 月 17 日　上海销售分公司决定：杨志才任集团公司上海代表处办公室主任；免去袁全的集团公司上海代表处办公室主任职务。【上海销售任〔2017〕30 号】

2017 年 12 月 15 日　上海销售分公司党委批复同意：中共奉金分公司委员会由王树堂、金建清、胥卫东、葛冽等 4 位同志组成，胥卫东为党委书记。【上海销售党〔2017〕80 号】

2017 年 12 月 27 日　上海销售分公司嘉定第四加油站经理、嘉定南区党支部书记袁婷婷同志当选上海市第十五届人大代表。

二〇一八年

2018年1月4日　上海销售分公司党委会议决定：从2017年12月底废止《上海销售公司管理专家管理办法》，现聘任的管理专家自动解聘。【2018年第6期】

2018年1月5日　为进一步加强上海销售分公司党建工作，切实履行党委主体责任，充分发挥党委领导作用，根据党委实行集体领导和个人分工负责相结合的原则，对公司党委委员进行分工。党委书记杨昌陶主持公司党委工作，全面负责党的政治建设、思想建设、作风建设、纪律建设，抓好制度建设和反腐败工作，分管组织干部工作。纪委书记、党委委员黄润东主持公司纪委工作，负责政治建设、作风建设及分管部门和分管业务领域的党建工作，分管纪律建设、反腐败工作及制度建设工作，主管纪委办公室。工会主席、党委委员王建军负责政治建设、作风建设及分管部门和分管业务领域的党建工作，分管思想建设及制度建设、意识形态、宣传新闻、团委工作，主持公司工会工作，主管党委宣传部。党委委员杨德有负责政治建设、作风建设及分管部门和分管业务领域的党建工作。党委委员杨杰负责政治建设、作风建设及分管部门和分管业务领域的党建工作，分管组织建设及制度建设、党委督查督办、党委事务组织协调、机要保密、信访维稳工作，主持直属机关党工委工作，主管党委组织部、党委办公室。党委委员宋根建负责政治建设、作风建设及分管部门和分管业务领域的党建工作。【上海销售党〔2018〕1号】

2018年1月5日　上海销售分公司决定：调整领导班子成员及总经理助理分工。总经理杨昌陶主持公司行政工作，负责公司发展战略规划、人事劳资、审计工作。纪委书记黄润东负责公司监察工作，协助总经理分管审计工作，主管审计监察处。副总经理王建军协助总经理负责行政日常工作，负责公司企业管理工作，分管法律事务、制度建设、内控、股权管理、物资集中采购、固定资产实物管理工作，分管企业改革、科技创新工作，分管企业文化工作，主管企业管理处、党群工作处。副总经理杨德有负责公司经营管理工作，分管油品销售、油品购进、物流配送、加油站管理、油库管理、计量管理工作、非油经营管理、互联网营销，分管新能源发展研究与开发利用工作，主持公司经营运作协调小组工作，主管营销处、加油站管理处、仓储调运处、非油品业务处。副总经理、安全总监杨杰负责公司安全环保及行政管理工作，分管 HSE 体系、质量体系建设及标准化工作，分管行政督查督办、行政事务组织协调、文秘信息、机要保密、档案管理、品牌管理、治安内保工作，协助总经理分管人事劳资、退休职工管理工作，主管质量安全环保处、人事处、总经理办公室。总会计师宋根建负责公司财务管理及信息化管理工作，分管会计核算、预算管理、财务分析、资金管理、税收筹划工作，分管信息系统建设规划、开发应用、系统运维、信息安全工作，主管财务处、信息化管理处。总经理助理王继军协助总经理杨昌陶分管发展规划、投资计划、工程建设工作，主管投资建设管理处。总经理助理张卓协助副总经理杨德有分管油品购进、物流配送、计量、油品营销工作。【上海销售〔2018〕1 号】

2018 年 1 月 16 日　上海销售分公司决定：免去王理民的总法律顾问职务。【上海销售任〔2018〕1 号】

2018 年 2 月 1 日　上海销售分公司召开 2018 年工作会议、党委（扩大）会议暨一届二次职工代表大会，党委书记、总经理杨昌陶作题为《奋进新时代，开创新局面，夺取率先建成世界一流水平销售企业新胜利》的工作报告。

2018 年 4 月 8 日　上海销售分公司决定：免去宋君义的人事处副处长职务，另有任用。【上海销售任〔2018〕2 号】

2018 年 4 月 8 日　上海销售分公司决定：宋君义任浦西分公司副经理；免去李成的浦西分公司副经理职务。【上海销售任〔2018〕3 号】

2018 年 4 月 8 日　上海销售分公司决定：孙振中任崇明分公司经理；免去林少斌的崇明分公司经理职务，另有任用。【上海销售任〔2018〕4 号】

2018 年 4 月 8 日　上海销售分公司决定：林少斌任奉金分公司经理；免去胥卫东的奉金分公司经理职务。【上海销售任〔2018〕5 号】

2018 年 4 月 8 日　上海销售分公司决定：毛福胜任人事处处长。【上海销售任〔2018〕6 号】

2018 年 4 月 8 日　上海销售分公司党委决定：免去宋君义同志的党委组织部副部长职务。【上海销售党〔2018〕18 号】

2018 年 4 月 8 日　上海销售分公司党委决定：宋君义同志任浦西分公司党委委员、书记；免去李成同志的浦西分公司党委书记、委员职务，另有任用。【上海销售党〔2018〕19 号】

2018 年 4 月 8 日　上海销售分公司党委决定：李成同志任公司党委巡察组副处级巡察员。【上海销售党〔2018〕20 号】

2018 年 4 月 8 日　上海销售分公司党委决定：孙振中同志任崇明分公司党委委员、副书记；免去林少斌同志的崇明分公司党委副书记、委员职务。【上海销售党〔2018〕22 号】

2018 年 4 月 8 日　上海销售分公司党委决定：林少斌同志任奉金分公司党委委员、书记；免去胥卫东同志的奉金分公司党委书记、委员职务。【上海销售党〔2018〕23 号】

2018 年 4 月 8 日　上海销售分公司党委决定：孙雅丽同志任上海中油农工商石油销售有限公司党支部委员、书记职务；免去陈鹏同志的上海中油农工商石油销售有限公司党支部书记、委员职务。【上海销售党〔2018〕24 号】

2018 年 4 月 8 日　上海销售分公司党委决定：陈鹏同志任中油上海销售有限公司党支部委员。【上海销售党〔2018〕25 号】

2018 年 4 月 8 日　上海销售分公司党委决定：毛福胜同志任党委组织部部长。【上海销售党〔2018〕30 号】

2018 年 5 月 21 日　上海销售分公司决定：免去张文轩的安全副总监职务。【上海销售任〔2018〕7 号】

2018 年 5 月 21 日　上海销售分公司决定：张靖远任信息化管理处副处长，免去其加油卡销售管理中心主任的职务。【上海销售任〔2018〕8 号】

2018 年 6 月 12 日　上海销售分公司决定：为适应公司内外部环境的

变化，提高管理效率，结合用工总量控制目标和两级机关运行实际，对两级机关的机构编制进行调整。上海销售分公司机关设 12 个处室（正处级），包括总经理办公室（党委办公室）、人事处（党委组织部）、财务处、营销处、仓储调运处、加油站管理处、投资建设管理处、质量安全环保处、企业管理处、信息化管理处、审计监察处（纪委办公室）、党群工作处（企业文化处、党委宣传部）。撤销非油品业务处，成立非油销售公司，机构规格为正处级，按直属专业公司管理。保留财务结算中心、职业技能鉴定站、成品油检验中心 3 个附属机构牌子和正科级规格，人员和业务分别并入财务处、人事处（党委组织部）、质量安全环保处。撤销未经集团公司批复的车队、市场研究与发展中心、仓储分公司、加油卡销售管理中心、设备维修中心、信息系统运维中心、宣传中心 7 个附属机构，人员和职能分别并入总经理办公室（党委办公室）、营销处、仓储调运处、加油站管理处、信息化管理处、党群工作处（企业文化处、党委宣传部）。直属机关党工委、党委巡察组人员和职能分别并入人事处（党委组织部）、审计监察处（纪委办公室）。集团公司上海代表处办公室挂靠总经理办公室（党委办公室），中油财务有限责任公司上海业务受理处挂靠财务处。上海销售分公司下设 6 个全资分公司，包括浦东分公司（正处级）、浦西分公司（正处级）、奉金分公司（副处级）、宝嘉分公司（副处级）、松青分公司（副处级）、崇明分公司（副处级）。全资分公司机关设 3 部 1 室（正科级），包括业务运作部、质量安全工程部、财务部、综合办公室。【上海销售〔2018〕43 号】

　　2018 年 7 月 2 日　上海销售分公司决定：免去李珩洲的松青分公司总会计师职务，另有任用。【上海销售任〔2018〕9 号】

　　2018 年 7 月 2 日　上海销售分公司决定：浦东分公司机构规格为正处级；王宏杰任浦东分公司经理，孟沛泉任浦东分公司副经理，庞爱宁任浦东分公司副经理，刘宏伟任浦东分公司副经理，李珩洲任浦东分公司总会计师。【上海销售任〔2018〕10 号】

　　2018 年 7 月 2 日　上海销售分公司决定：免去范国正的宝嘉分公司总会计师职务，另有任用。【上海销售任〔2018〕11 号】

　　2018 年 7 月 2 日　上海销售分公司党委决定：免去李珩洲同志的松青

分公司党委委员职务。【上海销售党〔2018〕40 号】

2018 年 7 月 2 日　上海销售分公司党委决定：孟沛泉同志任浦东分公司党委委员、书记，王宏杰同志任浦东分公司党委委员、副书记，庞爱宁同志任浦东分公司党委委员，刘宏伟同志任浦东分公司党委委员，李珩洲同志任浦东分公司党委委员。【上海销售党〔2018〕41 号】

2018 年 7 月 5 日　上海销售分公司决定：浦西分公司机构规格为正处级；曲亮任浦西分公司经理，宋君义任浦西分公司副经理，张惊宇任浦西分公司副经理，范国正任浦西分公司总会计师；免去陈强的浦西分公司总会计师职务。【上海销售任〔2018〕12 号】

2018 年 7 月 5 日　上海销售分公司党委决定：免去范国正同志的宝嘉分公司党委委员职务。【上海销售党〔2018〕42 号】

2018 年 7 月 5 日　上海销售分公司党委决定：宋君义同志任浦西分公司党委委员、书记，曲亮同志任浦西分公司党委委员、副书记，张惊宇同志任浦西分公司党委委员，范国正同志任浦西分公司党委委员；免去陈强同志的浦西分公司党委委员职务。【上海销售党〔2018〕44 号】

2018 年 7 月 23 日　上海销售分公司决定：黄剑宇任企业管理处处长；免去闫紫峰的企业管理处处长职务。【上海销售任〔2018〕13 号】

2018 年 7 月 25 日　上海销售分公司决定：郑雪峰任财务处副处长。【上海销售任〔2018〕14 号】

2018 年 7 月 25 日　上海销售分公司决定：夏冬梅任崇明分公司总会计师；免去张国友的崇明分公司总会计师职务，另有任用。【上海销售任〔2018〕15 号】

2018 年 7 月 25 日　上海销售分公司决定：张国友任宝嘉分公司总会计师。【上海销售任〔2018〕16 号】

2018 年 7 月 25 日　上海销售分公司决定：刘建龙任松青分公司总会计师。【上海销售任〔2018〕17 号】

2018 年 7 月 25 日　上海销售分公司党委决定：夏冬梅同志任崇明分公司党委委员；免去张国友同志的崇明分公司党委委员职务。【上海销售党〔2018〕45 号】

2018 年 7 月 25 日　上海销售分公司党委决定：张国友同志任宝嘉分

公司党委委员。【上海销售党〔2018〕46 号】

2018 年 7 月 25 日　上海销售分公司党委决定：刘建龙同志任松青分公司党委委员。【上海销售党〔2018〕47 号】

2018 年 7 月 25 日　上海销售分公司党委决定：王树国同志任上海中油农工商石油销售有限公司党支部委员。【上海销售党〔2018〕48 号】

2018 年 7 月 25 日　上海销售分公司党委决定：许丽君同志任上海中油奉贤石油有限公司党支部委员。【上海销售党〔2018〕49 号】

2018 年 8 月 13 日　上海销售分公司决定：黄万宏任总法律顾问，免去其营销处处长职务。【上海销售任〔2018〕19 号】

2018 年 8 月 27 日　上海销售分公司决定：免去王玫的非油品业务处处长职务。【上海销售任〔2018〕20 号】

2018 年 9 月 6 日　股份公司审核同意：党群工作处（企业文化处）加挂党委宣传部牌子。以非油品业务处为基础设立非油品销售分公司，列为二级单位管理。

2018 年 9 月 17 日　上海销售分公司决定：马振东任安全副总监。【上海销售任〔2018〕21 号】

2018 年 9 月 17 日　上海销售分公司决定：丁晗任非油品销售分公司经理。【上海销售任〔2018〕22 号】

2018 年 9 月 17 日　上海销售分公司决定：李雪波任营销处处长。【上海销售任〔2018〕23 号】

2018 年 9 月 17 日　上海销售分公司党委决定：马振东同志任直属机关党工委委员，李海生同志任直属机关党工委委员，黄剑宇同志任直属机关党工委委员，张靖远同志任直属机关党工委委员；免去张文轩同志的直属机关党工委委员职务，免去黄万宏同志的直属机关党工委委员职务。【上海销售党〔2018〕54 号】

2018 年 9 月 17 日　上海销售分公司党委决定：潘雁同志任党群工作处（企业文化处、党委宣传部）处长；免去毛福胜同志的党群工作处（企业文化处）处长职务。【上海销售党〔2018〕55 号】

2018 年 9 月 26 日　上海销售分公司召开高质量发展暨深化人事劳动分配制度改革动员部署会议，党委书记、总经理杨昌陶做动员部署讲话，副总经理杨德有宣读公司关于坚持稳健发展方针推动高质量发展的实施意见，副总经理杨杰就人事劳动分配改革相关制度进行解读。

2018 年 11 月 12 日　上海销售分公司决定：免去孟沛泉的浦东分公司副经理职务。【上海销售任〔2018〕24 号】

2018 年 11 月 12 日　上海销售分公司党委决定：免去孟沛泉同志的浦东分公司党委书记、委员职务。【上海销售党〔2018〕63 号】

2018 年 12 月 3 日　上海销售分公司决定：免去聂春的控参股公司专职董事、企业管理处副处长职务。【上海销售任〔2018〕25 号】

2018 年 12 月 3 日　上海销售分公司党委决定：为深入贯彻落实全面治党要求，加强上海销售分公司党的建设，强化党建工作的顶层设计和综合协调，加大对所属各级党组织党建工作指导力度，成立上海销售分公司党的建设工作领导小组，领导小组下设办公室，办公室设在人事处（党委组织部）。【上海销售党〔2018〕75 号】

第二节 组织人事制度文件选编目录

序号	发文日期	文件名称	文件编号
1	2014.03.05	关于印发《上海销售公司机关部门职责》及《上海销售公司机关各岗位职责》的通知	上海销售人〔2014〕7 号
2	2014.04.15	关于下发《中国石油上海销售公司客户经理制暂行管理办法补充规定》的通知	上海销售〔2014〕30 号
3	2014.09.23	关于进一步明确上海销售公司职工教育经费使用的通知	上海销售人〔2014〕15 号
4	2014.11.15	关于印发《中国石油上海销售公司安全环保与节能减排绩效考核实施细则》的通知	上海销售人〔2014〕17 号
5	2015.01.05	关于印发《中国石油上海销售公司机关员工下基层工作管理办法》和《中国石油上海销售公司企业年金实施办法》两项公司管理制度的通知	上海销售〔2015〕1 号
6	2015.08.14	关于印发《上海销售公司加强企业党的建设专项工作方案》等 5 个专项方案的通知	上海销售党〔2015〕25 号
7	2016.05.30	关于印发《中国石油上海销售公司上海销售公司员工培训管理暂行办法》的通知	上海销售〔2016〕37 号
8	2016.06.08	关于进一步加强管理人员管控的通知	上海销售〔2016〕40 号
9	2016.07.05	关于进一步加强和规范上海销售公司领导干部因私出国（境）管理监督工作的通知	上海销售人〔2016〕17 号
10	2016.09.14	关于印发《中国石油上海销售公司工资总额管理暂行规定》的通知	上海销售〔2016〕68 号
11	2016.11.02	关于下发《中国石油上海销售公司党费收缴、使用和管理办法》的通知	上海销售党〔2016〕36 号
12	2016.12.16	关于印发《中国石油上海销售公司管理人员分流安置实施方案》的通知	上海销售党〔2016〕73 号
13	2016.12.16	关于印发《中国石油上海销售公司中层管理人员退出领导岗位管理办法（试行）》的通知	上海销售党〔2016〕74 号
14	2016.12.28	关于印发《上海销售公司党委关于贯彻落实全面从严治党要求加强党的建设的细化措施》的通知	上海销售党〔2016〕76 号

序号	发文日期	文件名称	文件编号
15	2017.01.22	关于印发《中国石油上海销售公司管理人员管理办法》的通知	上海销售党〔2017〕2号
16	2017.01.22	关于印发《中国石油上海销售公司中层管理人员选拔任用工作实施细则》的通知	上海销售党〔2017〕3号
17	2017.03.16	上海销售公司党委关于进一步加强党的组织生活的指导意见	上海销售党〔2017〕18号
18	2017.03.21	关于印发《中国石油上海销售公司业绩考核管理办法（试行）》等九项制度的通知	上海销售〔2017〕10号
19	2017.04.25	中国石油上海销售公司员工考勤与请假管理办法	上海销售〔2017〕17号
20	2017.07.31	关于印发《中国石油上海销售公司党委关于推进"两学一做"学习教育常态化制度化的实施方案》的通知	上海销售党〔2017〕70号
21	2017.09.22	关于加强人事档案管理工作的通知	上海销售人〔2017〕16号
22	2017.10.24	关于将党建工作要求写入公司章程的通知	上海销售党〔2017〕74号
23	2017.12.25	关于印发《中国石油上海销售公司中层管理人员退出领导岗位管理暂行办法》的通知	上海销售〔2017〕72号
24	2017.12.28	关于印发《中国石油上海销售公司党建工作责任制实施细则》的通知	上海销售党〔2017〕83号
25	2018.01.09	关于印发《关于组织人事部门对中层管理人员进行提醒、函询和诫勉的暂行办法》的通知	上海销售人〔2018〕4号
26	2018.03.16	关于印发《中国石油上海销售公司党组织工作经费计提、使用管理办法》的通知	上海销售人〔2018〕11号
27	2018.05.24	关于印发《中国石油上海销售公司客户经理制暂行管理办法（试行）》的通知	上海销售〔2018〕37号
28	2018.06.07	关于印发《中国石油上海销售公司工资管理办法》等二项制度的通知	上海销售〔2018〕41号
29	2018.06.12	关于调整上海销售公司两级机关机构编制的通知	上海销售〔2018〕43号
30	2018.06.22	关于印发《上海销售公司两级机关部门职能职责》的通知	上海销售〔2018〕46号
31	2018.08.13	关于印发《上海销售公司机关岗位说明书》的通知	上海销售〔2018〕57号
32	2018.08.19	关于印发《党建信息化平台应用工作考核评价方案（试行）》的通知	上海销售人〔2018〕23号
33	2018.08.20	关于进一步从严管理党员工作的意见	上海销售党〔2018〕51号

序号	发文日期	文件名称	文件编号
34	2018.08.29	关于印发《上海销售公司机关作风建设工作管理办法（试行）》的通知	上海销售党〔2018〕53号
35	2018.11.12	关于成立中国石油上海销售公司人事劳动分配制度改革工作领导小组的通知	上海销售〔2018〕74号
36	2018.11.15	关于印发《中国石油上海销售公司党建工作责任制考核评价实施细则（试行）》的通知	上海销售党〔2018〕65号
37	2018.11.22	关于印发《中国石油上海销售公司一般管理人员管理办法》的通知	上海销售党〔2018〕74号
38	2018.11.23	关于配备所属单位专职党群副主任及党群干事的通知	上海销售人〔2018〕27号
39	2018.12.17	关于印发《关于进一步优化两级机关管理人员配置的实施意见》的通知	上海销售〔2018〕80号
40	2018.12.24	关于印发《中共中国石油上海销售公司委员会关于加强党委联系服务专家工作的实施方案》的通知	上海销售党〔2018〕83号
41	2018.12.24	关于印发《上海销售公司领导班子成员基层党建联系制度》的通知	上海销售党〔2018〕84号

后　记

组织编纂《中国石油上海销售组织史资料　第二卷　（2014—2018）》是中国石油天然气股份有限公司上海销售分公司（简称上海销售分公司）根据集团公司要求和企业实际，在上海销售分公司所属单位范围内全面开展的一项基础性工作，是组织人事部门的一项日常性业务工作，是一项需要持之以恒的政治任务。《中国石油上海销售组织史资料　第二卷　（2014—2018）》与 2016 年 7 月出版的《中国石油上海销售组织史资料（1998.5—2013.12）》一脉相承，是对首编卷本的续编。

2016 年 7 月《中国石油上海销售组织史资料（1998.5—2013.12）》出版后，为推进组织史资料编纂工作常态化，上海销售分公司在全面启动企业卷组织史资料编纂工作的同时，将组织史年度征编列入各级组织人事部门和编纂组日常性业务工作。2019 年 3 月，根据集团公司部署，上海销售分公司全面启动《中国石油上海销售组织史资料　第二卷　（2014—2018）》的续编工作，续编中国石油上海销售组织史资料是上海销售分公司组织人事和基础管理建设工作的一件大事，是一项政策性、业务性、技术性、规范性很强的工作，涉编内容浩繁巨大，任务艰辛繁重，体例要求严格规范，文字内容要求精准无误，对参与编纂人员能力素质和责任心提出了极高要求。在续编过程中，根据中共中央加强党的建设、全面从严治党等一系列新部署新要求，结合上海销售分公司实际，在广泛征求意见的基础上，上海销售分公司组织史资料编纂办公室对组织史章节结构、文字叙述、机构沿革、领导名录等编写体例和收录内容进行了多次修改和全面规范。全体编纂人员在时间紧、任务重的情况下，怀着对历史、对组织、对后人负责的高度责任心和对石油事业的浓厚感情，严格依据集团公司《〈中国石油组织史资料〉编纂技术规范》，立足精准、精编、精品的要求，按照实事求是的原则和"广征、核准、精编、严审"的工作方针，以档案文件的真实记录和历史史实为依据，对有争议、有分歧的问题，不厌其烦，不辞辛苦，深入调查分析，反复核对、认真修改、去伪存真、去粗取精，力求核实无误。经过全体编纂人员加班加点、任劳任怨、一丝不苟的辛勤付出，终于按时高质量完成编纂任务。组织史编纂工作始终得到上海销售分公司领导的高度重视和指导，并在人力物力上给予了大力支持。2022 年 4 月，上海销售分公司获得了集团公司组织史编纂工作先进集体，为全体编纂人员带来了极大鼓舞和激励。

本书编审委员会由杨昌陶、汤成刚担任主任，张宁担任副主任，委员有黄润东、王建军、杨德有、杨杰、宋根建、李军、王富、郭小明、杨晓红；编纂领导小组由汤成刚担任组长，成员有毛福胜、林少斌、刘斌、潘雁、刘涛、杨志才；编纂办公室由毛福胜担任主任，邓生长、徐丽萍、梁历辉担任副主任，成员有夏辉、刘志忠、赵真、王晖、李文韬、高明、喻莹、杨勇、曹云鹏、施海、顾美群、王勇帅、崔如娜、丁凤。值此《中国石油上海销售组织史资料 第二卷 （2014—2018）》出版之际，谨向在图书编纂出版工作中给予支持和帮助的所有单位和人员表示衷心的感谢。

由于编者水平有限，虽经一再努力，书中内容难免有错漏之处，恳请读者批评指正。按照集团公司编纂文件规定，上海销售分公司今后每年都要对组织史资料进行征集，并每 5 年统一续编出版一卷。届时，错漏之处一并修正。

本书编纂组
2024 年 12 月

出版说明

　　为充分发挥组织史"资政、存史、育人、交流"的作用，2012年3月，中国石油天然气集团公司（以下简称集团公司）全面启动《中国石油组织史资料》的编纂工作，并明确由集团公司人事部负责具体牵头组织。《中国石油组织史资料》系列图书分总部卷、企业卷、基层卷三个层次进行编纂出版。首次编纂出版以本单位成立时间作为编纂上限，以本单位编纂时统一规定的截止时间为编纂下限。

　　《中国石油组织史资料》总部卷由集团公司人事部负责组织编纂，石油工业出版社负责具体承办。总部卷（1949—2013）卷本分第一卷、第二卷、第三卷和附卷一、附卷二共五卷九册，于2014年12月出版。2021年，集团公司决定对《中国石油组织史资料（1949—2013）》进行补充与勘误，并在此基础上将编纂时间下限延至2020年12月。《中国石油组织史资料（1949—2020）》卷本分第一卷、第二卷、第三卷、第四卷和附卷一、附卷二共六卷十二册，于2021年6月正式付梓。此后，总部卷每5年续编出版一卷。

　　《中国石油组织史资料》企业卷系列图书，由各企事业单位人事部门负责牵头组织编纂，报集团公司人力资源部编纂办公室规范性审查后，由石油工业出版社统一出版。企业卷规范性审查由集团公司人力资源部编纂办公室白广田、于维海、傅骏雄、麻永超负责组织，图书出版统筹由石油工业出版社组织史编辑部马海峰、李廷璐负责，由秦雯、鲁恒、孙卓凡具体负责。企业卷首次续编一般按"2014—2015"和"2014—2018"两种方案编纂出版，此后每5年续编出版一卷。

　　《中国石油组织史资料》基层卷由各企事业单位人事（史志）部门负责组织下属单位与企业卷同步编纂，并报集团公司人力资源部编纂办公室备案，由石油工业出版社组织史编辑部负责提供具体出版和技术支持。

企业卷统一出版代码：

CNPC-YT——油气田企业	CNPC-LH——炼化企业
CNPC-XS——成品油销售企业	CNPC-GD——天然气与管道企业
CNPC-HW——海外企业	CNPC-GC——工程技术企业
CNPC-JS——工程建设企业	CNPC-ZB——装备制造企业
CNPC-KY——科研单位	CNPC-QT——金融经营服务等企业

　　编纂《中国石油组织史资料》系列图书是集团公司组织人事和基础管理建设工作的大事，是一项政策性、业务性、技术性、规范性很强的业务工作，是一项艰巨

浩繁的系统工程。该系列图书以企业的组织沿革为线索，收录了编纂时限内各级党政组织的成立、更名、发展、撤并以及领导干部变动情况等内容，为企业"资政、存史、育人、交流"提供了可信的依据。这套系统、完整的中国石油组织史资料，既丰富了石油企业的历史资料，又增添了国家的工业企业史资料，不仅为组织人事、史志研究、档案管理等部门从事有关业务提供了诸多便利，而且为体制改革和机构调整提供了历史借鉴。在此，谨向对该套图书出版工作给予支持和帮助的所有单位和人员表示衷心的感谢！

由于掌握资料和编纂者水平有限，丛书难免存有错漏，恳请读者批评指正。对总部卷的意见建议请联系集团公司人力资源部编纂办公室或石油工业出版社组织史编辑部；对各单位企业卷、基层卷的意见建议请联系各单位编纂组或组织史资料编辑部。对书中错漏之处我们将统一在下一卷续编时一并修改完善。

中国石油组织史资料编纂办公室联系方式

联系单位：中国石油天然气集团有限公司人力资源部综合处

通信地址：北京市东直门北大街 9 号石油大厦 C1103，100007

联系电话：010-59984340　59984721，传真：010-62095679

电子邮箱：rsbzhc@cnpc.com.cn

中国石油组织史编辑部联系方式

联系单位：石油工业出版社人力资源出版中心

通信地址：北京市朝阳区安华西里三区 18 号楼 201，100011

联系电话：010-64523611　62067197

电子邮箱：cnpczzs@cnpc.com.cn

《中国石油组织史资料》系列图书目录

总部卷			
编号	书名	编号	书名
第一卷	国家部委时期（1949—1988）（上中下）	第四卷	中国石油天然气集团公司—中国石油天然气集团有限公司（2014—2020）（上中下）
第二卷	中国石油天然气总公司（1988—1998）	附卷一	组织人事大事纪要（1949—2020）（上下）
第三卷	中国石油天然气集团公司（1998—2013）（上下）	附卷二	文献资料选编（1949—2020）

企业卷			
编号	书名	编号	书名
油气田企业（16）			
CNPC-YT01	大庆油田组织史资料	CNPC-YT09	青海油田组织史资料
CNPC-YT02	辽河油田组织史资料	CNPC-YT10	华北油田组织史资料
CNPC-YT03	长庆油田组织史资料	CNPC-YT11	吐哈油田组织史资料
CNPC-YT04	塔里木油田组织史资料	CNPC-YT12	冀东油田组织史资料
CNPC-YT05	新疆油田组织史资料	CNPC-YT13	玉门油田组织史资料
CNPC-YT06	西南油气田组织史资料	CNPC-YT14	浙江油田组织史资料
CNPC-YT07	吉林油田组织史资料	CNPC-YT15	煤层气公司组织史资料
CNPC-YT08	大港油田组织史资料	CNPC-YT16	南方石油勘探开发公司组织史资料
炼油化工单位和海外企业（32）			
CNPC-LH01	大庆石化组织史资料	CNPC-LH17	华北石化组织史资料
CNPC-LH02	吉林石化组织史资料	CNPC-LH18	呼和浩特石化组织史资料
CNPC-LH03	抚顺石化组织史资料	CNPC-LH19	辽河石化组织史资料
CNPC-LH04	辽阳石化组织史资料	CNPC-LH20	长庆石化组织史资料
CNPC-LH05	兰州石化组织史资料	CNPC-LH21	克拉玛依石化组织史资料
CNPC-LH06	独山子石化组织史资料	CNPC-LH22	庆阳石化组织史资料
CNPC-LH07	乌鲁木齐石化组织史资料	CNPC-LH23	前郭石化组织史资料
CNPC-LH08	宁夏石化组织史资料	CNPC-LH24	东北化工销售组织史资料
CNPC-LH09	大连石化组织史资料	CNPC-LH25	西北化工销售组织史资料
CNPC-LH10	锦州石化组织史资料	CNPC-LH26	华东化工销售组织史资料
CNPC-LH11	锦西石化组织史资料	CNPC-LH27	华北化工销售组织史资料
CNPC-LH12	大庆炼化组织史资料	CNPC-LH28	华南化工销售组织史资料
CNPC-LH13	哈尔滨石化组织史资料	CNPC-LH29	西南化工销售组织史资料
CNPC-LH14	广西石化组织史资料	CNPC-LH30	大连西太组织史资料
CNPC-LH15	四川石化组织史资料	CNPC-LH31	广东石化组织史资料
CNPC-LH16	大港石化组织史资料	CNPC-HW01	中国石油海外业务卷
成品油销售企业（37）			
CNPC-XS01	东北销售组织史资料	CNPC-XS13	河北销售组织史资料
CNPC-XS02	西北销售组织史资料	CNPC-XS14	山西销售组织史资料
CNPC-XS03	华北销售暨北京销售组织史资料	CNPC-XS15	内蒙古销售组织史资料
CNPC-XS04	上海销售组织史资料	CNPC-XS16	陕西销售组织史资料
CNPC-XS05	湖北销售组织史资料	CNPC-XS17	甘肃销售组织史资料
CNPC-XS06	广东销售组织史资料	CNPC-XS18	青海销售组织史资料
CNPC-XS07	云南销售组织史资料	CNPC-XS19	宁夏销售组织史资料
CNPC-XS08	辽宁销售组织史资料	CNPC-XS20	新疆销售组织史资料
CNPC-XS09	吉林销售组织史资料	CNPC-XS21	重庆销售组织史资料
CNPC-XS10	黑龙江销售组织史资料	CNPC-XS22	四川销售组织史资料
CNPC-XS11	大连销售组织史资料	CNPC-XS23	贵州销售组织史资料
CNPC-XS12	天津销售组织史资料	CNPC-XS24	西藏销售组织史资料

编号	书名	编号	书名
CNPC-XS25	江苏销售组织史资料	CNPC-XS32	湖南销售组织史资料
CNPC-XS26	浙江销售组织史资料	CNPC-XS33	广西销售组织史资料
CNPC-XS27	安徽销售组织史资料	CNPC-XS34	海南销售组织史资料
CNPC-XS28	福建销售组织史资料	CNPC-XS35	润滑油公司组织史资料
CNPC-XS29	江西销售组织史资料	CNPC-XS36	燃料油公司组织史资料
CNPC-XS30	山东销售组织史资料	CNPC-XS37	大连海运组织史资料
CNPC-XS31	河南销售组织史资料		
天然气管道企业（13）			
CNPC-GD01	北京油气调控中心组织史资料	CNPC-GD08	京唐液化天然气公司组织史资料
CNPC-GD02	管道建设项目经理部组织史资料	CNPC-GD09	大连液化天然气公司组织史资料
CNPC-GD03	管道公司组织史资料	CNPC-GD10	江苏液化天然气公司组织史资料
CNPC-GD04	西气东输管道公司组织史资料	CNPC-GD11	华北天然气销售公司组织史资料
CNPC-GD05	北京天然气管道公司组织史资料	CNPC-GD12	昆仑燃气公司组织史资料
CNPC-GD06	西部管道公司组织史资料	CNPC-GD13	昆仑能源公司组织史资料
CNPC-GD07	西南管道公司组织史资料		
工程技术企业（7）			
CNPC-GC01	西部钻探公司组织史资料	CNPC-GC05	东方物探公司组织史资料
CNPC-GC02	长城钻探公司组织史资料	CNPC-GC06	测井公司组织史资料
CNPC-GC03	渤海钻探公司组织史资料	CNPC-GC07	海洋工程公司组织史资料
CNPC-GC04	川庆钻探公司组织史资料		
工程建设企业（8）			
CNPC-JS01	管道局组织史资料	CNPC-JS05	中国昆仑工程公司组织史资料
CNPC-JS02	工程建设公司组织史资料	CNPC-JS06	东北炼化工程公司组织史资料
CNPC-JS03	工程设计公司组织史资料	CNPC-JS07	第一建设公司组织史资料
CNPC-JS04	中国寰球工程公司组织史资料	CNPC-JS08	第七建设公司组织史资料
装备制造和科研企业（12）			
CNPC-ZB01	技术开发公司组织史资料	CNPC-KY02	规划总院组织史资料
CNPC-ZB02	宝鸡石油机械公司组织史资料	CNPC-KY03	石油化工研究院组织史资料
CNPC-ZB03	宝鸡石油钢管公司组织史资料	CNPC-KY04	经济技术研究院组织史资料
CNPC-ZB04	济柴动力总厂组织史资料	CNPC-KY05	钻井工程技术研究院组织史资料
CNPC-ZB05	渤海石油装备公司组织史资料	CNPC-KY06	安全环保技术研究院组织史资料
CNPC-KY01	勘探开发研究院组织史资料	CNPC-KY07	石油管工程技术研究院组织史资料
金融经营服务及其他企业（14）			
CNPC-QT01	北京石油管理干部学院组织史资料	CNPC-QT08	运输公司组织史资料
CNPC-QT02	石油工业出版社组织史资料	CNPC-QT09	中国华油集团公司组织史资料
CNPC-QT03	中国石油报社组织史资料	CNPC-QT10	华油北京服务总公司组织史资料
CNPC-QT04	审计服务中心组织史资料	CNPC-QT11	昆仑信托中油资产组织史资料
CNPC-QT05	广州培训中心组织史资料	CNPC-QT12	中油财务公司组织史资料
CNPC-QT06	国际事业公司组织史资料	CNPC-QT13	昆仑银行组织史资料
CNPC-QT07	物资公司组织史资料	CNPC-QT14	昆仑金融租赁公司组织史资料